Ursula Ott

Total besteuert

Wie ich einmal ganz alleine den
Staatshaushalt retten sollte

Mit Illustrationen
von Caroline Ennemoser

W0231162

Deutscher Taschenbuch Verlag

Von Ursula Ott ist bei dtv außerdem erschienen:
Schöner scheitern (dtv premium 24555)

Ausführliche Informationen über
unsere Autoren und Bücher
finden Sie auf unserer Website
www.dtv.de

Redaktionsschluss: Sommer 2010

2. Auflage 2011
Originalausgabe 2010
© 2010 Deutscher Taschenbuch Verlag & GmbH Co. KG.
München
Umschlagkonzept: Balk & Brumshagen
Umschlagbild: Gerhard Glück
Satz: dtv, Bernd Schumacher
Druck und Bindung: Druckerei C. H. Beck, Nördlingen
Gedruckt auf säurefreiem,chlorfrei gebleichtem Papier
Printed in Germany · ISBN 978-3-423-34597-2

Inhaltsverzeichnis

Vorwort

Manche Leute fragen sich, wo der Staat das ganze Geld hernimmt, das er an die Hypo Real Estate, an das bankrotte Griechenland und an die WestLB bezahlt. Ich frage mich das nicht, denn ich habe die starke Vermutung: Er holt sich's bei mir! Ich bin alleinerziehende Mutter von zwei Kindern und habe mich zehn Jahre als freie Journalistin durchgeschlagen. Ich bin ein fleißiges Mädchen, drum habe ich in diesen Jahren gut verdient und viele Steuern bezahlt. Aber da könnte doch noch was zu holen sein, dachte sich offenbar der Staat.

Es fing ganz harmlos an. Im Sommer 2008 lag ein Formschreiben des Finanzamtes in meinem Briefkasten: Betriebsprüfung. Ja, warum auch nicht – der Staat muss schließlich darauf achten, genug Geld für seine Schulen und Straßen einzutreiben.

Schlechtes Gewissen? Nö, ich doch nicht. Ich habe keine Konten im Ausland, habe keine Ahnung, wo die Cayman-Inseln liegen, und weiß von Liechtenstein nur, dass es sich mit ie schreibt. Ich bin der Typ, der sich in die Hose macht, wenn er in der U-Bahn mal schwarzfährt, und der noch nicht mal auf der Frankfurter Buchmesse Bücher klauen kann.

Ahnungslos trug ich meine Kontoauszüge aufs Finanzamt – ja, ich habe nur ein Konto für berufliche und private Zwecke. Sollten die sich ruhig ansehen, ich habe nichts zu verbergen. Dachte ich mir.

Das war im Juli. Ich hörte lange nichts. War ja auch sonst viel los in der Welt. Die Börsen gerieten in Tumult, am 15. September crashte die Lehman Bank in New York. Wenige Tage später hatte ich ein knallgelbes Einschreiben der Staatsanwaltschaft im Briefkasten: Verfahren wegen Steuerhinterziehung. Ich? Eine Frau Zumwinkel? Vorsichtig guckte ich vom Balkon, ob die Bochumer Staatsanwältin Lichtenhagen schon mit dem WDR-Team vor der Tür wartete. Dann las ich noch mal. Steuerhinterziehung? Gerichtsverfahren?

Ich stand in meinem Leben erst einmal vor Gericht, bei meiner Scheidung. Die hatte ich dank vieler teurer Mediations- und Beratungsstunden – übrigens nicht von der Steuer absetzbar – in einer abgelegenen Ecke meines Hirns beerdigt. Nie hätte ich gedacht, dass genau dorthin auch das Finanzamt jetzt gerne Zugang hätte. Wie überhaupt zu meinem Leben der letzten elf Jahre.

Denn dies war der Fortgang der Ereignisse. Vier verschlampte Honorare hatte die Steuerprüferin gefunden, das reicht für eine Strafanzeige. Und für eine Ausdehnung der Prüfung. Elf Jahre Leben diskutierte ich fortan mit meiner Steuerprüferin. Steuerprüfung über den Zeitraum 1996 bis 2006, das bedeutet in meinem Fall: eine Hochzeit, zwei Schwangerschaften, eine Scheidung, eine neue Liebe, vier Bücher, zwei Insolvenzen meiner Arbeitgeber, drei Umzüge.

Und während da draußen eine Bank nach der anderen

zusammenbrach, während der Staat allein für die Hypo Real Estate rund 100 Milliarden an Bürgschaften zur Verfügung stellte, saß ich in einem schlecht gelüfteten Büro und verhandelte mit der Finanzbeamtin darüber, warum das Buch ›Herr Lehmann‹ von Sven Regener, im Jahr 2002 in einer Ravensburger Buchhandlung für 18,90 Euro erstanden, nicht als Fachbuch durchgeht. »Schönes Buch«, sagte sie, »aber das haben Sie doch zum Vergnügen gelesen.« »Nein«, sagte ich, »den habe ich in eine Talkshow eingeladen und für eine Zeitschrift interviewt.« »Aber Vergnügen hatten Sie trotzdem.« Und wieder waren 28,51 Prozent Steuern aus 18,90 Euro für den Staatshaushalt gerettet.

Ein Jahr lief das so, ein wertvolles Jahr meines Lebens. In dem Jahr ging mir so einiges verloren: viele Euros, ich musste Berater und Gutachter beschäftigen. Viel Nachtschlaf. Ein Zahn, weil ich vor lauter Wut offenbar nachts die Zähne zusammengebissen hatte. Verloren ging mir aber auch das Grundvertrauen, dass es im Großen und Ganzen mit den Steuern schon irgendwie Sinn machen würde. Nein, es macht keinen Sinn. Dieses Steuersystem ist ein Moloch. Es ist so kompliziert, dass auch Steuerberatern reihenweise Fehler unterlaufen. Oder warum hat mein damaliger Steuerberater 1998 nicht kapiert, dass man den Zuschuss zur Altersversorgung als Honorar angeben muss? Es ist ungerecht, weil es Menschen mit mittleren Einkommen übermäßig belastet, also solche wie mich und dich und alle, die sich gerade so durchwursteln mit einem Job, einer Liebe, zwei Kindern and the whole catastrophe, wie Alexis Sorbas sagen würde. Aber der Grieche hat sich, wie man jetzt erst weiß, den unerfreulichen Steuerkram die letzten fünfzig Jahre ohnehin weitgehend vom Hals gehalten. Man kann's verstehen, irgendwie.

Denn das hat mich in einem Jahr unsinniger Belege-

Klauberei am meisten erzürnt: Der Fiskus nervt! Er kostet Zeit! Er mischt sich unerhört in mein Leben ein. Muss ich mir das gefallen lassen, dass eine wildfremde Steuerprüferin fragt, wann mein Ex-Mann zuletzt bei mir übernachtet hat? Muss ich einer Beamtin wirklich erklären, warum an dem Tag, an dem ich ein Ikea-Regal gekauft habe, keine Abbuchung von meinem Kreditkartenkonto erfolgt ist? Dass man bisweilen 500 Euro mit sich rumträgt und dann irgendwann ausgibt? Ja, das musste ich.

Und so beschloss ich, um Waffengleichheit herzustellen und meine frisch gewonnenen Erkenntnisse mit der Welt zu teilen: Ab sofort wird zurückgeforscht. Ich schreibe ein Buch! Du, Finanzamt, willst wissen, ob eine Reportagereise nach Mexiko zum Allerheiligenkult nicht vielleicht doch mein Privatvergnügen war? Du verlangst, dass ich jedes Chili con Carne von 1996 als Betriebsausgabe nachweisen kann? Dann will ich jetzt von dir umgekehrt wissen, warum du den Hundefutter-Herstellern Steuergeschenke machst und den Babywindel-Herstellern nicht. Dann will ich wissen, warum du hoffnungsvolle Existenzgründer so lange quälst, bis sie pleite sind. Warum du Ärzten gleich Steuerhinterziehung unterstellst, wenn sie aus Versehen ihre 10-Euro-Praxisquittungen im Arztkittel verknuddelt haben, statt sie korrekt zu verbuchen.

So veränderte sich mein Leben radikal. Seit ich mich mit diesem Buch beschäftige, findet sich in meinem Briefkasten neben ›Psychologie Heute‹ und ›Emma‹ auch die Zeitschrift ›Der Steuerzahler‹. Neben meinem Bett liegt nicht nur der neue Martin Walser, sondern auch das weiße Buch ›Probleme beim Vollzug der Steuergesetze‹ mit dem schwarzrotgoldenen Schriftzug des Bundesbeauftragten für die Wirtschaftlichkeit in der Verwaltung. Ja, so was gibt´s, weil die Verwaltung ist halt nicht wirschaftlich, und das liegt nicht zuletzt an den Steuern. Darin findet sich der wunderschöne Satz: »In einer weltweiten Erhebung des Weltwirtschaftsforums zur Transparenz und Effizienz der Steuersysteme liegt Deutschland unter 102 Staaten auf dem letzten Platz – weit abgeschlagen nach Haiti und der Dominikanischen Republik.« Sorry, Martin Walser, da kannst du nicht mithalten. Haiti vor Deutschland! Das muss man sich mal vorstellen. Warum bloß kommt kein THW und rettet uns aus dieser Steuerkatastrophe?

Ein Jahr lang habe ich Menschen besucht, die den Glauben an die Steuergerechtigkeit in Deutschland verloren haben. Die engagierte Steuerfahnderin aus Frankfurt, die sie kaltgestellt haben, weil sie die wirklich großen Fische aus der Bankenwelt fangen wollte. Den tüchtigen kleinen Kneipengründer aus Ostdeutschland, den sie fast kaputt geprüft haben. Den Stuttgarter Wirtschaftslehrer, der allen Ernstes im Gerichtssaal seinen eigenen Schülern gegenübergestellt werden sollte, nur weil er die ›Financial Times‹ von der Steuer absetzen wollte. Und schließlich die Schweizer Kollegin, die genauso lebt wie ich, Autorin, Mutter, Mittelschicht – und die genau einen Tag im Jahr auf das Thema Steuern verschwendet. Wenn es Fragen gibt, ruft er an, der Steuerkommissär. Anrufen! Na also, geht doch. In Deutschland kommt im Ernstfall gleich mal ein Einschreiben von der Staatsanwaltschaft.

Meine »Steuer-Compliance« hat sich nicht verbessert in diesem Jahr Recherche. Compliance? Hui, dolle Vokabel, habe ich auch neu gelernt. Stammt aus der Medizin, wo sie zum Beispiel die Compliance, also die Therapietreue von Diabetikern testen, ihre Bereitschaft, brav die Medikamente einzunehmen. Das Bild aus der Medizin passt gut, denn dieses Steuersystem ist krank. Und es wundert mich gar nicht, wenn Patienten rebellisch werden.

Ja doch, ich beteilige mich weiter an diesem komischen System, ich zahle meine Steuern und sortiere neuerdings auch brav meine Belege in eine alphabetisch geordnete Mappe. Ich will schließlich nicht noch ein Jahr meines Lebens mit dem Finanzamt verbringen. Aber zwei Dinge verstehe ich jetzt besser denn je. Warum jeder fünfte Auswanderer aus Deutschland sagt, es sei wegen des Steuersystems. Und warum die Steuerprüferin, die mich ein Jahr lang gequält hat, beim Abschlussgespräch jammerte, sie werde auf keine Party eingeladen. Ganz ehrlich, ich würde sie auch nicht einladen.

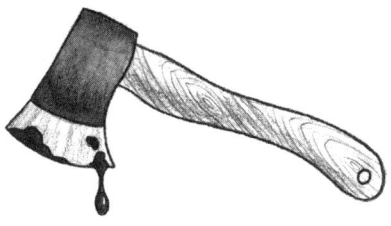

Lustkiller Steuererklärung

Warum uns die Steuer so nervt

Wolfgang M. ist Professor für Soziologie, wohnt in Köln und arbeitet in Frankfurt. Wenn er am Freitagabend nach Köln kommt, hat er genau 48 Stunden bei seiner Familie. Davon gehen jeden Samstag zwei Stunden für Abrechnungen drauf. Welche Ausgaben sind diese Woche für die doppelte Haushaltsführung angefallen, welchen Anteil der Stromrechnung und der Umlagen kann er steuerlich geltend machen? Wie viele Kilometer spuckt der Routenplaner im Internet für die Dienstreisen nach München, Wiesbaden und Mainz aus? Sind wirklich alle Briefmarkenquittungen komplett, hat der Hilfsverein für verfolgte Journalisten seine Spendenquittungen endlich geschickt, und welche Summe bei der Fensterputzer-Rechnung entfällt auf Lohnanteil inklusive Mehrwertsteuer? Seine Frau hasst das Thema »Steuer«. »Erst wenn er am Samstag gegen zwei mit dem Kram durch ist, kann man ihn für irgendwas gebrauchen«, sagt sie, »vorher hat er nur schlechte Laune.«

Sabina F. ist freischaffende Künstlerin in Hamburg. Sie verdient wenig, Geld für einen Steuerberater hat sie nicht.

Aber ständig ein schlechtes Gewissen, sie müsste sich eigentlich um die Steuer kümmern. »Aber immer, wenn ich samstags die Schuhschachtel angucke, in der die Quittungen vom Farbengeschäft liegen«, sagt sie, »dann fällt mir ein, dass Geschirrspülen auch ganz schön ist.« Alles besser als Steuer.

Volker N. ist Teamleiter bei einem Autozulieferer in Karlsruhe. Er hat ein paar stressige Jahre hinter sich, Scheidung, Streit ums Kind, neuerdings Angst um den Arbeitsplatz. Die Steuer hat er einfach verdrängt, Briefe vom Finanzamt ungeöffnet auf einen Stapel geworfen. Geht natürlich nicht, jetzt hat das Finanzamt ihn geschätzt. »Steuererklärung« ist für ihn ein Reizwort. Oder soll man sagen: das Gegenteil. »Wenn ich im Fitnessstudio bin und diese Mädels in ihren ultraknappen Sportsachen sehe«, sagt er, »wusste ich früher nie, wie ich meine Blutzirkulation in den Griff kriege.« Jetzt hat er eine Methode gefunden. »Mir reicht der Gedanke an die Steuererklärung«, sagt er, »und nichts rührt sich mehr bei mir. Echt praktisch.«

Steuer ist – bah. Lustkiller, Spaßbremse, Nervpotenzial. So lästig wie ein Pickel. Warum ist das so? Warum bekommen fast alle Menschen schlechte Laune, wenn sie an ihre Steuererklärung denken?

Da kommen drei Dinge zusammen: erstens das tief sitzende Gefühl, dass es ungerecht zugeht mit unseren Steuern, dass irgendwie alles ein großer Beschiss ist. Zweitens das diffuse schlechte Gewissen, sich im Dickicht von Paragrafen, Steuernovellen und unleserlichen Benzinquittungen verheddert und doch irgendwas falsch gemacht zu haben. Gepaart mit der stillen Wut, dieser Fehler könnte durchaus auch zu unseren Ungunsten sein. Mist, doch was übersehen, was wir noch hätten absetzen können? Und drittens – die große Sinnfrage: Warum müssen wir überhaupt so viele kostbare Stunden unserer Lebenszeit mit diesen Schuhkartons voller unleserlicher Quittungen verbringen? Uns die Laune von diesen hässlichen grauen Briefen vom Finanzamt verderben lassen? Hätte ich in derselben Zeit nicht den neuen Krimi von Martin Suter lesen können, mit meinen Kindern Englischvokabeln pauken, ein Glas österreichischen Rotwein trinken oder entspannten Sex haben können?

Das erste Gefühl – UNGERECHT! – sitzt tief in der deutschen Seele. Was sagen die Deutschen auf die Frage, welche Bereiche in Politik und Sozialem sie als ungerecht empfinden? Nein, es ist nicht die böse, kalte, kinderfeindliche Politik, die so schnöde mit Familien umgeht, es sind noch nicht mal die Managergehälter oder die zu mageren Renten, die ganz vorne genannt werden. Es ist das Steuersystem, das auf dieser Skala auf Platz eins kommt: 82 Prozent der Deutschen finden, dass das deutsche Steuersystem ungerecht ist.

Kein Wunder, dass so viele versuchen, ihm zu entkommen. Fragt man deutsche Auswanderer, warum sie das Land verlassen haben, sagt jeder fünfte, wegen der hohen Steuern und Abgaben in Deutschland. Dieser Auswanderungsgrund rangiert noch vor den Motiven »Lebensqualität« und »Lebensstandard«. Goodbye, Deutschland.

175 000 Deutsche haben 2008 das Land verlassen – eine Rekordzahl seit Kriegsende. Aber selbst wenn einer sich ein Herz gefasst hat und sein Bündel schnürt, entkommt er dem Finanzamt nicht so ohne Weiteres. Besitzt ein Auswanderer zum Beispiel Aktien, hält das Finanzamt flugs die Hand auf: Kaum hat man das Visum für Neuseeland in der Tasche, schon erhebt der deutsche Fiskus Steuern auf bis dahin entstandene Wertsteigerungen. Und das ist auch

ganz in Ordnung so, hat der Bundesfinanzhof vor Kurzem entschieden und damit einen Auswanderer zurechtgewiesen, der sich den modernen Wegezoll nicht gefallen lassen wollte. Pech gehabt – je nachdem, in welches Land er zieht, muss der Deutschlandmüde sein Kapital sogar doppelt versteuern, das haben die obersten Richter hiermit bestätigt. Einmal als »Wegzugsteuer« in Good old Germany, einmal als Kapitalsteuer in der neuen Heimat.

Und so wandern viele Deutsche gar nicht selbst aus. Sondern lassen lieber ihr Geld auswandern. Eine Heerschar von Anlagebetrügern lebt vom generellen Steuerfrust der Deutschen. Hauptsache Steuern sparen – mit diesem Argument lassen sich selbst die dubiosesten Investmentfonds verkaufen.

Medard Fuchsgruber ist Wirtschaftsdetektiv in München, er spürt seit 20 Jahren Anlagebetrüger auf der ganzen Welt auf. Manchmal wundert er sich, welchen windigen Geldanlagen die Kunden aufgesessen sind. Im wahrsten Sinne des Wortes. »Ein Betrüger verkaufte Beteiligungen an Windkraftanlagen, die er auf ein Schiff stellte«, erzählte Fuchsgruber der ›Süddeutschen Zeitung‹. »Das Schiff fiel um, das Geld war weg.«

Ja, sind die Leute denn total blöd? Nein, sie wollen Steuern sparen. »Das ist den Deutschen wichtiger als Sex«, weiß Fuchsgruber, »drum werben Betrüger fast immer mit steuerlichen Vorteilen.«

Das Gefühl der Ohnmacht überkommt nicht nur Normalverdiener, die auf eben diese Betrüger hereinfallen. Selbst ein mutmaßlicher Großverdiener wie der Karlsruher Philosophie-Professor Peter Sloterdijk wütete auf zwei Seiten in der ›Frankfurter Allgemeinen Zeitung‹ über den Staat als »geldsaugendes und geldspeiendes Ungeheuer«. Klar, einer wie er verdaddelt wahrscheinlich kein Geld mit Windrädern und Schiffen. Nein, der Professor wundert sich vielmehr, dass nicht längst ein »antifiskalischer Bürgerkrieg« der Steuerzahler ausgebrochen ist. Aber der Deutsche macht so schnell keine Revolution. Er schimpft und zahlt. Und ist stinksauer.

Denn zum Gefühl des großen Beschisses kommt noch das Gefühl der eigenen Unzulänglichkeit. Denn eines ist doch klar: Wie du es machst, machst du es falsch. Machst du es dir leicht und erledigst deine Steuererklärung an einem Nachmittag, kannst du sicher sein: Da wär noch was gegangen. Hättest du nicht doch den Verlust aus diesem abgestürzten Investmentfonds angeben können? Wäre es nicht doch besser gewesen, statt des eigenen Autos die Bahntickets abzusetzen für die Fahrten zum Arbeitsplatz?

Bist du hingegen der Typ »Optimierer«, wirst du erst recht unglücklich sein, wenn der Steuerbescheid kommt. Klar, du hast das letzte Urteil zur Pendlerpauschale berücksichtigt und dem Finanzamt belegt, dass dein Lebensmittelpunkt neuerdings 50 Kilometer entfernt liegt. Aber, verdammt, hätte man nicht doch noch einen zweiten Wohnsitz nachweisen können? Es ist wie überall im Leben: Wer beim Kauf acht Handys vergleicht, wird nie sicher sein, dass er wirklich das beste ausgewählt hat. Sondern vom diffusen Gefühl beschlichen, das neunte wäre perfekt gewesen.

Also: Egal wie man es anstellt, Steuererklärungen machen unglücklich. Fast alle Steuerzahler. Sowohl die – eher jüngeren, männlichen, sportlichen –, die den mächtigen Staat als Sparringspartner sehen, den sie bekämpfen, aber nie besiegen werden. Als auch die – eher älteren, weiblichen, eingeschüchterten –, die noch richtig Respekt haben vor Vater Staat. Der sie womöglich bestrafen wird, wenn sie nicht alles korrekt ausgefüllt haben.

Deutlich wurde das im August 2008, als das Finanzministerium ankündigte, ab Oktober allen Rentnern einen Kontrollbescheid zuzuschicken, ob sie denn wirklich ihre Rente versteuert hatten. Formal völlig korrekt, das Gesetz wurde bereits 2005 erlassen – natürlich darf der Staat jetzt mal nachfragen, ob Oma das alles richtig verstanden hat und auch brav bezahlt.

Interessant war die Reaktion der Rentner – in Person ihrer Toplobbyistin Ulrike Mascher. Die war bis 2002 selbst für die SPD im Bundestag, ja sie war sogar Parlamentarische Staatssekretärin beim Bundesminister für Arbeit und Sozialordnung. Sprich: Sie war selbst Repräsentantin des Staates.

Jetzt vertritt sie die andere Seite, die der Rentner und Steuerzahler, und schon klingt aus ihren Worten tiefes Misstrauen. »Ältere Menschen fragen sich besorgt: Bin ich denn ein Krimineller, wenn mir das Finanzamt solche Briefe schreibt?«

Post vom Finanzamt – da rutscht offenbar vielen von uns das Herz in die Hose. Oh Gott, habe ich was falsch gemacht?

Dabei kann man – nach vernünftigen mathematischen Wahrscheinlichkeitsrechnungen – sowieso nur Fehler machen. Bei den Steuerformularen für die Rentner ist es ganz offensichtlich: viel zu kompliziert! Sagen fast alle Experten. Die deutsche Steuergewerkschaft schätzt, dass jeder vierte Rentner das Formblatt fehlerhaft ausgefüllt hat, die gesetzliche Rente an der verkehrten Stelle eingetragen oder die Krankenkassenkosten vergessen hat.

Noch nicht mal Steuerberater kommen mit den permanenten Neuerungen hinterher. Im Jahr 2003 haben sie mal nachgezählt: Sie fanden 205 Steuergesetze, sage und schreibe 96 000 Verwaltungsvorschriften und fast ebenso viele Urteile der Finanzgerichte. Und seither wird es kaum besser geworden sein. Allein das Einkommensteuergesetz wurde seit 1964 mehr als 260 Mal geändert, diese Änderungen füllen 170 Seiten. Natürlich ist das totaler Blödsinn – übrigens auch wirtschaftlich. »Die deutsche Steuerverwaltung«, schreibt der strenge Präsident des Bundesrechnungshofes, »schneidet beim internationalen Vollzug der Steuersysteme regelmäßig schlecht ab.« Das heißt: viel zu teuer – und zwar für den Staat und für die Bürger. Die Kosten, die deutsche Steuerzahler tragen, also zum Beispiel die Honorare für den Steuerberater, sind sogar höher als die Kosten der Steuerverwaltung. Andere Länder sind uns laut Bundesrechnungshof meilenweit voraus: Holland, Österreich, sogar Estland machen es günstiger. Hilfe, wer stellt dieses System endlich vom Kopf auf die Füße?

Denn immer neue Regeln und vor allem immer neue Ausnahmen machen es wirklich nicht besser. Im Gegenteil: Es ist in Deutschland längst so weit, dass sogar Finanzbeamte bisweilen vor dem organisierten Chaos kapitulieren. In Norddeutschland bekam ein Unternehmer im Dezember 2009 einen Brief vom Finanzamt, in dem wörtlich stand: »Im Rahmen der Einkommensteuerveranlagung wird dazu geraten, Einspruch gegen den Bescheid einzulegen.« Zu Deutsch: Hilfe, wir blicken selbst nicht mehr durch. Doof, doof, doof, bitte hau uns, wir haben bestimmt alles ganz falsch gemacht. Klingt grotesk, ist aber kein Einzelfall. Die ›Süddeutsche Zeitung‹ fand landauf, landab – vor allem in Nordrhein-Westfalen und Niedersachsen – Finanzämter, die den Offenbarungseid geleistet hatten und den Bürgern empfahlen, ihre Steuer am besten selbst zu berechnen. Schuld war eine Software, die die letzten Verästelungen der Unternehmenssteuerreform nicht wuppte. Schuld ist aber ganz grundsätzlich der deutsche Steuerdschungel. »Versuchen Sie doch mal als Eltern, die Anlage ›Kind‹ auszufüllen –

ohne professionelle Hilfe ist das kaum möglich«, wettert Horst Vinken, Präsident der Bundessteuerberaterkammer.

Und selbst wenn das Finanzamt sich für kompetent hält – was es ja in der Mehrzahl der Fälle tut –, macht es haufenweise Fehler. Jeder dritte Steuerbescheid ist fehlerhaft, hat die Stiftung Warentest festgestellt.

Am häufigsten sind übrigens Zahlendreher, und die haben im Prinzip meine Sympathie. Als jemand, der grundsätzlich »Leibe« statt »Liebe« in den Laptop tippt und beim Handy gern dreimal nacheinander den Pincode der EC-Karte eingibt, habe ich volles Verständnis. Irren ist menschlich. Das Blöde ist nur: Wenn das Finanzamt Fehler macht, muss ich das erst mal merken. Also meine kostbare Freizeit investieren und alles überprüfen. Wieder ein paar Stunden, in denen man besser Rotwein getrunken, Krimis gelesen und mit den Kindern gespielt hätte. Das nervt.

Wenn ich aber einen Fehler mache, merken die das qua Amtes. Ist ja ihr Job, alles nachzurechnen. Und im schlimmsten Fall bekomme ich ein Strafverfahren an den Hals, wenn ich Zahlen verdreht habe. Das ist der größte Witz.

Ich weiß, wovon ich rede, denn ich habe mehrere Tage meines Lebens mit einer vollkommen irren Liste verbracht, die mir das Finanzamt im März 2009 ins Haus schickte. »Eine Anfrage bei der BaFin hat ergeben, dass folgende Konten auf Ihren Namen lauten«, schrieb mir die Prüferin des Finanzamtes, »bitte klären Sie dies innerhalb von vier Wochen auf.«

Ich war, zugegeben, beeindruckt. BaFin? Das ist die Bundesanstalt für Finanzdienstleistungsaufsicht. Genau die Behörde, die gerade den Staat vor dem Untergang gerettet, die der Commerzbank mal eben 18,2 Milliarden Euro überwiesen hat. Diese BaFin sucht jetzt nach schwarzen Konten von mir. Mir! Kleine Journalistin und Mutter von zwei Kindern in der Kölner Südstadt. Und das im Frühjahr 2009, als der Staat angeblich kurz vor dem Abgrund steht. Hui, beeindruckend.

Bloß: Ich habe gar keine schwarzen Konten. Aber das glaubte mir die Finanzbeamtin nicht, sie habe 16 Seiten – 16 Seiten! brüllte sie fast ins Telefon – 16 Seiten Fax von der BaFin vor sich. Und überall mein Name! Lauter Konten, von denen das Finanzamt nichts wisse.

Natürlich bekam ich die 16 Seiten Fax nicht ausgehändigt. Sondern nur die Kontonummern. In den folgenden Tagen lernte ich eine Menge Menschen kennen. Ich rief bei der Volkswagenbank an und fragte nach dem ersten Konto auf der angeblich schwarzen Liste. Zuerst war die Autoauslieferung dran, aber ich wollte ja keinen Golf kaufen. Ich wollte Konten klären. Irgendwann bekam ich den richtigen Menschen ans Telefon, der für dieses Konto zuständig war. Natürlich durfte er mir nicht sagen, wem es gehört. Keiner Frau, sondern einem Mann, so viel könne er mir verraten, und widerwillig erklärte er sich bereit, mir schriftlich zu bestätigen, dass ich nicht die Kontoinhaberin bin.

Nächster Anruf bei der Frankfurter Volksbank Bad Vilbel. Ich hatte nie ein Konto bei einer Volksbank. Und wo zum Teufel liegt Bad Vilbel?

Jedenfalls ist Bad Vilbel klein. So klein, dass gleich der Filialdirektor ans Telefon kam und um Verständnis darum bat, am Telefon wildfremden Menschen nicht sagen zu können, wer welches Konto besitzt. Sie wissen schon, Kundendaten, Telekom-Skandal und so weiter. Aber ich wollte ja nur hören, dass mir das Konto nicht gehört. Ja, das könne er bestätigen, die Person habe einen anderen Vornamen und einen anderen Geburtstag als ich.

So verbrachte ich drei teure Arbeitstage mit unsinnigen

Telefonaten. Erst viel später, als ich der Finanzbeamtin mein Rechercheergebnis vorlegte, gab sie mir die 16 Seiten Fax. Man sah auf einen Blick: Die BaFin hatte zum einen Konten aufgelistet, die meinem Lebensgefährten gehören. Aha, das war der männliche Name, den der VW-Bank-Mensch nicht nennen wollte. Warum mich der Computer der BaFin ausgespuckt hatte? Ganz einfach, ich habe für den Todesfall eine Vollmacht. Zum anderen waren da Konten, deren Inhaber am selben Tag Geburtstag haben wie ich oder denselben, leider häufigen Nachnamen tragen.

Hätte die Finanzbeamtin das Fax genau angesehen, hätte sie mir drei Tage Arbeit erspart. Zur Erinnerung: Ich leite ein Monatsmagazin. Ich schreibe Reportagen, führe Menschen, gebe Interviews – das Recherchieren von Kontendaten gehört nicht zu meiner Arbeitsplatzbeschreibung. Aber wenigstens weiß ich jetzt, wo Bad Vilbel liegt. Vielleicht kann ich die Nummer von VW doch noch mal brauchen, falls ich mir einen Beetle kaufe.

Aber im Ernst: Warum muss ich, die ich um sechs aufstehe, meine Kinder versorge, zwei Stunden zu meinem Büro fahre, dort arbeite wie ein Tier – warum muss ich mich überhaupt mit so einem Quatsch beschäftigen? Ist es nicht blöd genug, dass auf meinem Gehaltszettel sage und schreibe 50 Prozent Abzüge vermerkt sind? Warum muss ich in meiner knappen Freizeit noch Geld und Hirnschmalz investieren, damit mir diese 50 Prozent auch korrekt abgezogen werden? Der Philosoph Peter Sloterdijk nennt das Steuersystem »Staatskleptokratie« – also so was wie organisierten Diebstahl. Dann soll der Staat sich mein Geld doch unter den Nagel reißen, ohne mich weiter zu belästigen. Zwei Seiten umfasst die Steuererklärung zum Beispiel in Frankreich. Eine Seite Papier, ein Tag Arbeit im Jahr, das wäre für mich akzeptabel.

Es soll ja Leute geben, die das Ganze sportlich nehmen und gerne mit dem Finanzamt streiten. Für manche ist das ein Hobby wie Modelleisenbahn bauen. Das ist schon okay, jeder Jeck ist bekanntlich anders. Allerdings: Diese Sorte Jeck macht das ohnehin irre Steuersystem immer noch irrer. Denn es gibt ein seltsames Wechselspiel zwischen regulierungswütigen Beamten und kreativen Steuersparern. Je absurder die neuesten Regeln, desto mehr Hirnschmalz investiert der Profi-Steuersparer, um die Regeln zu umgehen und den letzten Euro herauszuquetschen. Und schon dreht der Staat noch mal an der Schraube und entwickelt Gegenmittel, die auch den ganz normalen Steuerzahler treffen. So schaukelt sich das Ganze in immer absurdere Höhen.

Und wer ist der Depp bei dem ganzen Spiel? Der Normalmensch, der tatsächlich Wichtigeres zu tun hat im Leben, der lieber Krimis liest als ›1000 ganz legale Steuertricks‹ von Franz Konz. Ich kenne viele Menschen, die einfach nicht der »Typ Steuer« sind, wie meine Freundin Flora sagt. Flora ist Physiotherapeutin und hat eine Menge darüber nachgedacht, ob man Menschen eigentlich ändern kann. Wenn sie das Wort Steuer hört, sagt sie, schalten ihre Ohren auf Durchzug. Sie weiß, dass das blöd ist, unvernünftig, auf die Dauer auch teuer. Aber sie kann nicht anders.

Und sie ist gnädig mit sich, denn sie behandelt jeden Tag Patienten, die genau wissen, dass sie eigentlich Rückengymnastik betreiben müssten. Und weniger Kohlenhydrate essen. Wäre vernünftig, genauso wie regelmäßig Steuerbelege ordnen. Aber nach 20 Jahren Berufstätigkeit hat sie eingesehen: Du kannst Menschen nicht ändern.

Es mag für Finanzbeamte und Steuerberater schwer verständlich sein – aber für manche Leute ist das Thema Steuer schon deshalb der Horror, weil sie sich nicht gerne mit

Papierkram befassen. Ja ja, das kann man lernen, sagen die Steuerberater, besonders renitente Fälle bekommen eine Sortiermappe, in die sie – möglichst täglich – ihre Belege einordnen sollen, damit sich das Chaos gar nicht erst aufbaut.

Aber stellen wir uns vor, Beethoven hätte jeden Tag seine Belege alphabetisch in eine Sortiermappe eingeordnet – hätte er wohl die neunte Symphonie komponiert? Und van Gogh hätte jeden Pinseleinkauf nach Größe und Stärke dokumentiert – ob er jemals seine Sonnenblumen gemalt hätte? Wollen wir wirklich von allen Staatsbürgern zu jedem Zeitpunkt ihres Lebens erwarten, dass sie alles ordentlich im Griff haben? Was für eine Zumutung. Und wie langweilig!

Gerade Menschen, die künstlerische und kreative Berufe ausüben, leben oft auf einem Planeten, der am anderen Ende der Milchstraße zu sein scheint als eine deutsche Steuerbehörde. Eine »breite Blutspur des Finanzamtes« ziehe sich durch das Musikgeschäft, erzählt zum Beispiel der Sänger Sven Regener von »Element of Crime«.

Ich behaupte: Wenn ich jeden Tag meine Belege sortieren würde, wäre ich eine andere Sorte Mensch. Keine schlechtere, keine bessere, aber auf jeden Fall eine andere als die chaotische, vor Ideen übersprudelnde Journalistin.

Ich weiß, dass mir das schon eine Menge Ärger eingetragen hat. Als ich meine erste Mietwohnung verließ, lief während der Wohnungsübergabe zufällig ein Hörfunkfeature von mir im Radio. Die Vermieterin fuhr tadelnd mit dem Finger über das unzureichend geputzte Fensterbrett und sagte: »Als Journalistin mögen Sie ein Ass sein. Als Hausfrau sind Sie eine Null!« Stimmt. Und als Belegesortiererin bin ich auch eine Null. Aber kann das dieses Gemeinwesen nicht vielleicht doch aushalten?

Und muss es nicht so sein, dass das Steuersystem für die Menschen da ist und nicht die Menschen für die Steuer? Klar müssen wir uns bemühen, diesen Staat anständig zu organisieren. Aber von meiner Steuer – ganz zu schweigen von meiner Familienarbeit, meinen Kindern – lebt doch diese Gesellschaft. Da kann sie mir auch ein bisschen entgegenkommen. Es ist nicht der Mensch für den Sabbat da, steht in der Bibel, sondern der Sabbat für den Menschen.

Mein Herz schlägt für Menschen wie die amerikanische Starfotografin Annie Leibovitz. Sie ist genial. Sie hat Michael Jackson im weißen Flatterhemd fotografiert, Demi Moore mit dickem Babybauch und Queen Elizabeth II. Trotzdem ist sie jetzt total verschuldet. Ärger mit einem Pfandhaus, Krach mit den Steuerbehörden, weil sie den Überblick über ihre Rechnungen verloren hat. Warum? Ihre Lebensgefährtin Susan Sontag ist gestorben, sie hatte viel zu tun und hat aus Leichtsinn jedem eine Kamera geschenkt, der sie drum beneidet hat, so die ›New York Times‹. Klar ist das ungeschickt und unvernünftig. Aber Genies sind so. Man kann sie zwingen, täglich ihre Belege zu sortieren. Aber dann machen sie vielleicht keine genialen Bilder mehr.

Große Fische, kleine Fische

*Warum die Steuergerechtigkeit ein
Märchen ist und manche gleicher
sind als gleich*

Es begab sich im Jahr 2009. Eine der schlimmsten Finanzkrisen, die Weltwirtschaft stand »am Abgrund«, wie Bundeskanzlerin Angela Merkel im Nachhinein zugeben musste. Ausnahmezustand. Kleine und Große gerieten ins Straucheln. Kleine Handwerksbetriebe, große Banken, kleine Autowerkstätten, große Autokonzerne wie Opel.

Man könnte jetzt denken: Alle sitzen in einem Boot. Alle zusammen haben diesen Staat nach dem Zweiten Weltkrieg aufgebaut, alle zusammen haben ihn durch die fetten 70er- und 80er-Jahre hindurch am Laufen gehalten, alle zusammen sind jetzt aus dem Takt gekommen. Also müssen jetzt alle zusammen die Krise bestehen. Auch was Steuern und staatliche Hilfen angeht – denn das verspricht jede Partei und jede Regierung: Es möge Steuergerechtigkeit herrschen.

Nun, um es vorwegzunehmen: Die Steuergerechtigkeit ist eines der größten Märchen, das uns je erzählt worden ist. Wie schrieb George Orwell schon 1945 in seiner ›Farm der Tiere‹: Alle Tiere sind gleich. Aber manche sind gleicher.

Gerade in der größten Wirtschaftskrise seit Ende des Zweiten Weltkrieges zeigt sich wieder einmal: Rein steuerlich ist es sehr viel praktischer, zu den großen Tieren zu zählen als zu den kleinen.

Nehmen wir das große Tier Commerzbank und das nicht so große Tier Schlosserei Peter M. aus Mönchengladbach. Beide sind dem Staat mitten in der Krise Euros schuldig geblieben.

Beim großen Tier Commerzbank ist es ein großer Betrag. Das große Tier hat sich nämlich mitten in der Krise mit einem noch größeren Tier zusammengetan, mit der Dresdner Bank. Diese Fusion hat der Staat großzügig unterstützt: Er hat mit 1,8 Milliarden Euro ein Viertel der Commerzbank-Aktien erworben. Weitere 16,4 Milliarden Euro hat er als »stille Einlage« lockergemacht. Das war Ende 2008, und der Steuerzahler fand das damals schon – huiuiui, echt viel Geld. Aber erstens war er kurz nach der Lehman-Pleite ohnehin in eine Art Schockstarre verfallen: Hier eine Milliarde, da eine Milliarde, man hatte sich schon ein bisschen gewöhnt an das lustige Geldverteilen.

Und zweitens: Das Geld sollte ja gar nicht weg sein. Es sollte alles wieder an uns Steuerzahler zurückfließen. Mit Zinsen! Neun Prozent Zinsen sollte die neue Großbank auf die stille Einlage bezahlen. Also, lieber Steuerzahler, jetzt sei doch nicht so kleinlich, lautete die Message. Wir helfen der Bank mal eben aus der Klemme, und dann wird das schon wieder. Wer hätte da nicht Verständnis für.

Denn in die Klemme kann man schnell geraten. Das merkte auch der Schlosser Peter M. aus Mönchengladbach, dessen Unterlagen dem Bund der Steuerzahler vorliegen. Auch Peter M. kam in der Krise ins Wanken, weniger Aufträge und jede Menge Außenstände. Peter M. ist ein vollkommen untadeliger Steuerzahler, er hat immer alles pünktlich beglichen. Aber jetzt, im Krisenjahr 2009, bittet er sein Finanzamt um Hilfe. Er kann rund 30 000 Euro nicht gleich bezahlen, er beantragt Stundung um drei Monate. Begründung: Wirtschaftskrise.

Es kommt das Jahresende 2009, und das große Tier Dresdner-Commerzbank stellt fest: Die Geschäfte laufen immer noch nicht so super. Drum kann sie leider, leider im vierten Quartal gar keinen Gewinn machen. Und leider, leider die Zinsen für das Staatsgeld nicht bezahlen. Die stille Einlage ist jetzt totenstill. 1,5 Milliarden Euro gehen dem Staat allein 2009 durch die Lappen. Was passiert? Eine kleine Meldung in der Zeitung, ein Achselzucken. Dumm gelaufen.

Und wie ergeht es unserem kleineren Fisch, dem Mittelständler Peter M., zum Jahresende? Er beißt auf Granit bei seinem Finanzamt. Da hat sich offenbar noch nicht so richtig rumgesprochen, dass gerade Krise ist. Er möge doch bitte diesen Nachweis einreichen und jenen, schreibt der Finanzbeamte auf seinem grauen Recyclingpapier, eine Übersicht über monatliche Einnahmen und Ausgaben und eine Bankbescheinigung, dass ein Dispo jetzt echt nicht mehr drin ist. »Bis er diese Papiere beigebracht hätte«, seufzt Hans-Ulrich Liebern vom Bund der Steuerzahler, »wäre der Stundungszeitraum längst abgelaufen gewesen.«

Peter M. ist übrigens kein Einzelfall. Zahlreiche Kleinunternehmer und Selbständige haben sich in ihrer Not offenbar direkt beim Bundesfinanzminister beschwert, mitten in der Krise war das noch Peer Steinbrück von der SPD. Im Mai 2009 appelliert Steinbrück deshalb an die Finanzämter: Seid ein bisschen kulant! Nicht jeder, der im Vorjahr einen Riesenumsatz hatte, kann jetzt die gleichen Vorauszahlungen leisten wie vorher. Aber mehr als appellieren kann Herr Steinbrück nicht, wie großzügig der einzelne Finanzbeamte ist, das ist Glückssache.

Wie der Handwerker Peter M. das Geld letztlich aufgetrieben hat – bei dubiosen Geldverleihern oder beim Schwiegervater –, wissen wir nicht. Aber wir haben verstanden: Wenn du in der Not bist, ist es definitiv besser, du bist ein richtig fetter Fisch als ein kleinerer Fisch. Besser du schuldest dem Staat 1,5 Milliarden als 30 000 Euro.

Am blödesten ist es übrigens, wenn du ein mittlerer Fisch bist. Facharbeiter. Chefsekretärin. Normale Angestellte. Sie sind, steuerlich gesehen, in Deutschland am schlechtesten dran. Um die großen Fische muss man sich wenig Sorgen machen – die kaufen sich denkmalgeschützte Immobilien auf Pump oder Fondsanteile von Schiffscontainern und drücken ihre Steuerlast zuweilen auf null. Manchmal ist das nicht ganz legal, aber dann hilft ein teurer Topanwalt.

Die Steuern sinken bei Großverdienern weltweit seit fünf Jahren, hat die Beratungsgesellschaft KPMG im Sommer 2009 festgestellt. Und bei den Sozialabgaben kommen sie hierzulande so billig weg wie fast nirgendwo sonst in Europa. Wer in Deutschland zum Beispiel 210 000 Euro im Jahr verdient, muss davon nur 5,3 Prozent an Sozialabgaben abdrücken. So weit die großen Fische.

Die ganz großen, dicken, fetten Kugelfische machen es manchmal auch ganz besonders schlau und schwimmen ins Ausland. Boris Becker. Michael Schumacher. Günter Netzer. Sie haben ihren Wohnsitz in die Schweiz verlegt und zahlen in Deutschland gar keine Steuern mehr. Und man wundert sich manchmal schon, warum wir unsere Kinder vor das große Aquarium namens Fernseher setzen und ihnen diese Fische als groß und schön und vorbildlich vorstellen. Hallo, das sind Steuerflüchtlinge!

Auch um die ganz kleinen Fische muss man sich steuerlich nicht so viele Gedanken machen. Grundsätzlich muss man sich natürlich schon sorgen – viele sind psychisch am

Boden, ihre Kinder besuchen die schlechteren Schulen und viele finden nie wieder einen Job. Aber Steuern bezahlen sie meist gar nicht.

Die meisten Steuern zahlen die Bezieher von mittleren Einkommen. Ein alleinstehender Durchschnittsverdiener muss in Deutschland bis zu 52 Prozent seines Bruttoarbeitslohns an Steuern und Abgaben entrichten. Eine neue OECD-Studie zeigt: In anderen Ländern liegt dieser Wert viel niedriger, in England zum Beispiel bei 32,8 Prozent!

Wer übrigens denkt, dies alles werde besser durch die großen Steuerpakete, die 2010 in Kraft getreten sind, irrt gewaltig. Das Karl-Bräuer-Institut, das nichts anderes macht, als Steuerbelastungen zu erforschen, hat ausgerechnet: Wenn man die Jahre 1990 und 2010 vergleicht, geht es vielen Deutschen – steuerlich gesehen – heute deutlich besser als damals. Nämlich den Beziehern sehr niedriger und sehr hoher Einkommen – sie sind die »Gewinner«.

Auf den Euro genau kann man auch sagen, wer »Verlierer« ist: Nämlich jeder, der im Jahr 2010 zwischen 29 000 Euro und 112 000 Euro verdient. Sogar der Dümmste unter den Dummen lässt sich genau identifizieren: Er verdient 64 627 Euro. Und zahlt heute exakt 13 Prozent mehr Steuern als vor 20 Jahren. Schön blöd.

Das liegt daran, dass die meisten Reformen der letzten Jahre einerseits die Kleinstverdiener entlastet haben – indem man den Mindestbetrag erhöht hat, ab dem Steuern fällig werden. Andererseits wurden die Großverdiener entlastet, indem der Spitzensteuersatz gesenkt wurde. Dummerweise braucht der Staat aber nicht etwa weniger, sondern mehr Geld denn je. Und so »konzentriert« sich die Steuerlast auf die mittleren Einkommen.

Man kann es auch sehr viel schärfer formulieren: Der Staat, der ja angeblich ein Sozialstaat sein will, verteilt das Geld vor allem nach oben. Das sagt zum Beispiel der Darmstädter Landessozialrichter Jürgen Borchert, und er redet nicht nur von der Steuer. Dazu kommen ja noch zwei Sorten von Abgaben: die Sozialversicherung – und die ist nicht »progressiv« wie die Steuer, sondern jeder bezahlt denselben Prozentsatz von seinem Einkommen. Bloß die ganz Reichen nicht, bei denen ist der Beitrag »gedeckelt«. Und ein ganz dicker Brocken ist die Mehrwertsteuer. Auf jeden Liter Benzin und auf jedes Schulheft bezahlen wir 19 Prozent Mehrwertsteuer – und natürlich belastet das die Großen weniger als die mittleren und die kleinen Verdiener. Wir reden hier nicht von Peanuts. Das Gemeinwesen lebt davon, 70 Prozent der Einnahmen bestehen aus genau diesen Sozialbeiträgen und Verbrauchssteuern.

Jetzt könnte man sagen, so ist das halt in einem Gewässer: Es gibt kleine Fische und große Fische. Die großen werden immer fetter, die kleinen verschwinden durch die Löcher im Netz. Und die mittleren, die sind die doofen. Schwimmen aufgeregt durch die Gegend und werden am Ende doch gefangen.

Soll bloß keiner sagen, dass das gerecht ist. Es ist in höchstem Maße ungerecht, und natürlich könnte man daran etwas ändern. Man könnte »die mittleren Einkommen entlasten«, das wird auch in jedem Wahlkampf versprochen. Aber »die mittleren Einkommen«, das sind oft die Männer und Frauen, die mit ihrem Alltag gut beschäftigt sind, die ihren Laden, ihre Familie und ihren Bausparvertrag am Laufen halten müssen. Die keine Pressesprecher haben und keine Spitzenanwälte, die auch keine teuren Repräsentanzen in Berlin-Mitte unterhalten. Die selten abends mit dem Champagnerglas beim Neujahrsempfang der Deutschen Bank, geschweige denn sonntagabends bei Anne Will sitzen. Sprich: Die mittleren Einkommen, die haben keine gute Lobby. Drum, Leute, macht euch keine Illusion, es wird so bleiben: Wer mittelmäßig verdient, zahlt für die Großen und die Kleinen mit. Weil es halt nur so mittelmäßig gerecht zugeht in Deutschland.

Aber eins könnte der Staat machen, wenn er schon das Steuersystem nicht umbaut: Er könnte die »Bezieher mittlerer Einkommen« wenigstens in Ruhe ihr mittleres Einkommen erzielen lassen. Weil: Sie sind ja angeblich die »Leistungsträger«, die »Motoren der Wirtschaft«. So steht es beinahe wortgleich in jedem Parteiprogramm.

Aber gleichzeitig wird jeder Kleinunternehmer, wie der Mönchengladbacher Handwerker, sofort mit Verspätungs- und Säumniszuschlägen belastet, wenn er seine Steuer nicht pünktlich bezahlt. Und anstatt die Großbanken schärfer zu prüfen, haben immer öfter der Zahnarzt und die Hebamme die Nerverei mit Betriebsprüfern.

Ob die Anweisung dafür von ganz oben kommt? Die Kleinen hängt man, die Großen lässt man laufen? Schwer zu beweisen. In Hessen muss ein Untersuchungsausschuss genau dies überprüfen: ob Finanzämter gezielt die Großen in Ruhe lassen, ob Prüfer jahrelang mit kriminellen Mitteln daran gehindert wurden, Großbanken zu überprüfen (siehe nächstes Kapitel). Ob man das jemals juristisch nachweisen kann – wer weiß.

Sicher ist: Die Leistungsträger würden einfach gerne in Ruhe ihre Leistung erbringen. Statt sich mit dem Finanzamt rumzuschlagen, lieber mehr Zeit und Energie in ihre Familie und ihre Arbeit stecken. Denn gerade in der Krise haben wir gesehen: Sie sind wirklich systemrelevant.

Die Kleinen hängt man, die Großen lässt man laufen

*Wie eine Frankfurter Finanzbeamtin
das Vertrauen in den Staat verlor*

Tina Feser steht in ihrer kleinen Frankfurter Mietwohnung vor einem großen Bild. Zwei auf drei Meter, ein ultramarinblaues, ernstes Gesicht, sie hat es auf einen schwarzen Vorhangstoff gemalt. Eher ungewöhnlich für eine Frau, die erst spät ihre Berufung zur Kunst entdeckt hat. Meist fangen Malerinnen mit kleinen pastellfarbenen Aquarellen an. Nicht so Tina Feser. »Ich kann nur groß«, sagt sie, und das glaubt man ihr sofort.

Tina Feser ist eine imposante Erscheinung, ein Vollweib. Einsachtzig, blond, eine laute, kräftige Stimme, die sie 15 Jahre lang für sich und andere erhoben hat, als Personalrätin im Finanzamt. Dass der Staat so eine kleinkriegen kann – das allein ist Stoff für einen Krimi. Dass Tina Feser mit Mitte dreißig zwangspensioniert wurde – das ist Stoff für eine Tragödie. Und dass eine ehemalige Steuerfahnderin heute von sich sagt: »Ich habe jedes Vertrauen in diesen Staat verloren« – das wäre Stoff für eine Lehreinheit Demokratie an deutschen Schulen.

Denn eine mustergültigere Staatsbürgerin kann man

sich eigentlich nicht wünschen. Tina Feser wird 1970 in einer kleinen Gemeinde in Nordhessen geboren, und noch während ihrer Schulzeit sagt die Mutter: »Du wirst mal Beamtin.« Tina sammelt schon mit 14 ihre Belege und hat ein eigenes Konto, in der neunten Klasse macht sie ein Praktikum in der Stadtverwaltung, ihr Vorbild ist »der Willi«. Nicht der Brandt, sondern der Netz, ein Sozialdemokrat in ihrer kleinen alteingesessenen 5000-Seelen-Gemeinde, der es in den 80ern überraschend ins Amt des Bürgermeisters geschafft hat. »Ich mach das wie der Willi«, denkt sie, »ich geh zum Finanzamt und danach in die Politik.«

Nach ihrem Abitur schließt sie ihr Studium an der Verwaltungsfachhochschule nur mit einer durchschnittlichen Note ab, »das Leben und das Feiern waren mir dann doch wichtiger als das Lernen.« Schon ist klar, mit der ganz großen Karriere in der Verwaltung wird es nichts. Wie fast alle Provinz-Youngster muss sie erst mal nach Frankfurt umziehen, denn am Finanzplatz Nummer eins herrscht Personalmangel: Die großen Banken ziehen massenhaft gut ausgebildete Finanzer in die freie Wirtschaft ab. Für viele junge Finanzbeamte aus Nordhessen ist Frankfurt der Horror, und dann noch Bußgeld- und Strafsachenstelle – »da landen alle Loser«. Aber Tina weiß vom ersten Tag an: »Hier bin ich richtig. Wenn ich schon nicht Staatsanwältin werden kann!«

Und in der Tat: »Es lief super, super, super.« Wenn Tina Feser von den »wilden 90ern« erzählt, dann käme man nicht im Traum darauf, dass sie 15 Jahre später wegen Mobbing in einer psychosomatischen Klinik landen sollte. Sprühend vor Leben, mit leuchtenden Augen erzählt sie heute noch: »Ich fühlte mich ein bisschen wie der Robin Hood der Finanzverwaltung.« Mit 200 Mann nachts das Bahnhofsviertel durchkämmen, Zeugen in Jerusalem vernehmen, dem organisierten Verbrechen auf der Spur. Großfahndungen in Banken anleiern, die Börse wegen Insidergeschäften hochnehmen – »das war schon was«.

Was der selbstbewussten Beamtin besonders gefällt: »die Freiheit«. Das ist in der Verwaltung schon was Besonderes. »In diesem Job konnte man wirklich menschlich sein.« Klar handelt sie immer nach Recht und Gesetz, »das Gesetz ist für mich das Heiligtum«. Aber sie hatte einen Spielraum, »ich konnte meine ganze Person in diese Arbeit einbringen.«

Ab wann genau diese Freiheit mehr und mehr beschnitten wird – sie kann es heute rückblickend gar nicht sagen. Als die Medien den Skandal um die Verschiebung von Schwarzgeldern nach Liechtenstein aufgreifen und damit die Nervosität bei Banken und Verwaltung steigern? Mit immer mehr Revierkämpfen zwischen den Ermittlerteams? Mit immer mehr Kontrollen der Chefs, immer noch mehr Wochenplänen, Fahrtenbüchern und kaum mehr Zeit fürs Ermitteln? »Es war schleichend«, sagt sie, »der Wind im Amt wurde rauer, das Interesse an unseren Fahndungserfolgen immer geringer.« Zermürbungstaktik.

Es ist eine merkwürdige Gemengelage in den 90er-Jahren. Durch die Fleißarbeit von Feser & Co. wird über eine Milliarde D-Mark in die Kassen des Staates gespült, fast alles Schwarzgelder, die Commerzbank-Großkunden nach Liechtenstein und Luxemburg verschoben hatten. Auch die Commerzbank selbst gerät ins Visier, sie hatte Auslandsverluste in Deutschland steuermindernd geltend gemacht. Die Commerzbank muss nachzahlen, allein das bringt dem deutschen Staat eine Viertelmilliarde D-Mark.

Schön für den Bürger, blöd für die Bank. Deren Image leidet angesichts des Einmarsches von 250 Steuerfahndern in die Bank. Wer will schon sein Geld zu einer Bank tragen, die abends mit vielen weiß-grünen Polizeiautos vor dem schönen Glashochhaus in der ›Tagesschau‹ auftaucht? Der damalige Vorstandssprecher Martin Kohlhaussen schreibt an alle Mitarbeiter, er sei »in Sorge um den Finanzplatz Deutschland«. Die Bundesregierung und die hessische Landesregierung habe er seine »tiefen Bedenken« schriftlich wissen lassen.

Solche tiefen Bedenken werden ihre Wirkung wohl getan haben. Im Jahr 2001 bekommen Tina Feser und ihre Kollegen im verschlossenen Umschlag eine Anweisung, die ihnen schier den Atem nimmt. Die Vorgabe: Künftig sollen sie Verdachtsfällen nur dann nachgehen, wenn es Belege für Einzelüberweisungen von mindestens 300 000 DM gibt oder ein Gesamtvolumen von mindestens 500 000 DM. »Total absurd«, wissen die erfahrenen Fahnder. Erstens ist es für Steuerhinterziehungsprofis ein Klacks, ihre Beträge in kleine Happen zu stückeln – »das war komplett an der Realität und den bis dahin gemachten Erfahrungen vorbei.« Und zweitens läuft die Verfügung ihrem Rechtsempfinden zuwider: »Straftat ist Straftat, beim Legalitätsprinzip gibt es keine Einschränkungsmöglichkeiten!« Was das heißt, Legalitätsprinzip? »Wenn ich eine Straftat sehe, muss ich ermitteln – egal ob es um drei Euro fuffzich geht oder um 200 000 Euro.« So hat sie es gelernt, die Beamtin, so steht es im Gesetz. Und jetzt soll da eine willkürliche Grenze gezogen werden? Feser und Kollegen befürchten Strafvereitelung im Amt.

Dann passiert das, was der Anfang vom Ende der Beamtenkarriere von Tina Feser ist. 80 Kollegen treffen sich und beraten, was sie tun können. Nicht alle trauen sich aufzumucken. 47, darunter Tina Feser und ihr Ehemann Heiko, ebenfalls Finanzbeamter, unterschreiben am 26. Juni 2003 einen Brief an den hessischen Ministerpräsidenten

Roland Koch und dessen Finanzminister Karlheinz Weimar: »Wir sind Steuerfahnder und Steuerfahndungshelfer des Finanzamts Frankfurt V und wenden uns an Sie, weil wir begründeten Anlass zur Sorge haben, dass die Steuerfahndung Frankfurt am Main ihren Aufgaben nicht mehr gerecht werden kann.« Damals denken die Fesers noch: Da ist was bei uns im Amt schiefgelaufen, das ist eine Frankfurter Sache.

Das denken sie heute, im Jahr 2010, nicht mehr. Was genau es ist, das wird man vielleicht nie erfahren. Sicher ist: Dieser Brief hat eine politische Lawine ins Rollen gebracht, unter der nicht nur die Karriere von Tina und Heiko Feser begraben wird. Sondern das Vertrauen vieler Steuerbediensteter und Steuerzahler in Deutschland gleichermaßen.

Denn jetzt geht es Schlag auf Schlag. Der Protestbrief verlässt nie die Poststelle des Finanzamtes, sondern wird vorher abgefangen. Von wem? Einem Maulwurf im Amt? Man weiß es nicht, jedenfalls erreicht er nie das Ministerium in Wiesbaden.

Die meisten Kollegen der Fesers verlässt der Mut, sie bangen um ihre Stellen, ihre Bezüge, ihre Eigenheime. Übrig bleiben von den 47 Kollegen, die unterschrieben hatten, gerade mal 20, zum Schluss nur noch vier. Und diese vier kann man heute als Fahrlehrer, Steuerberater oder in Elternzeit wiederfinden. Alle sind schwer beschädigt, persönlich und gesundheitlich. Zivilcourage wird in Deutschland nicht belohnt, für die amerikanische Vokabel »Whistleblower« gibt es in Deutschland noch nicht mal eine Übersetzung. »Whistleblower« – das meint: Wer rechtzeitig die Alarmpfeife betätigt, wer mutig Missstände aufdeckt, ist ein Held und muss vor Schikanen der Chefs besonders geschützt werden. Aber das ist eine Idee, die in Deutschland bisher nur in politischen Zirkeln und Akademietagungen gepflegt wird. Die Wirklichkeit in deutschen Firmen und Behörden sieht anders aus: Mobbing. Zermürbung. Oft genug ein Ende der Karriere.

Bei den Fesers fängt es an mit Versetzungen auf Stellen, wo sie nichts mehr gestalten können. Tina Feser, einst jüngste Amtsrätin Hessens, soll jetzt in einer extra geschaffenen »Servicestelle Recht« Däumchen drehen. Heiko, der sein Leben lang Steuerfahnder war, wird zum »Verstärker« degradiert, ein Hiwi-Job weit unter seiner Qualifikation. Zwar hat er noch ein eigenes Büro, aber erst nimmt man ihm den eigenen Schreibtisch, dann das Zeichnungsrecht, am Ende auch den Schrank, in dem er seine Jacke aufgehängt hatte. Abstellgleis. Er bewirbt sich auf andere Stellen, aber plötzlich sackt seine dienstliche Beurteilung mysteriös von vier auf einen Punkt ab. Vier Punkte – das steht für »überdurchschnittlich«. Ein Punkt – diese Note ist so schlecht, dass sie fast nie vergeben wird. Der Betriebsarzt spricht jetzt zum ersten Mal von Mobbing, schlägt eine Mediation vor, aber auch er beißt bei der Behördenleitung auf Granit.

Heiko ist der Erste, der krank wird. Nierenversagen, katastrophale Leberwerte. Tina hält noch eine Weile durch, nimmt jede Woche ein Kilo zu »trotz Walking und gesundem Essen«. Nachts schläft sie nicht mehr, tagsüber strickt sie Pullover am Arbeitsplatz, ermitteln darf sie ja nicht mehr. Bis Weihnachten 2005 geht das so, als Tina im Januar 2006 ins Büro soll, bricht sie heulend zusammen.

Nach einem Aufenthalt in einer Klinik, die auf Mobbing spezialisiert ist, fordert die Amtsleitung ein psychologisches Gutachten. Erst viel später weiß man, dass dieser Gutachter ein Scharlatan ist: Er bescheinigt den aufmüpfigen Steuerfahndern »paranoid-querulatorische« Störungen. Inzwischen wurde der Gutachter durch das Berufsgericht wegen vorsätzlichen Fehlverhaltens rechtskräftig verurteilt.

In den Jahren 2009 und 2010 gibt es richtig viel Rummel, die Medien berichten fast täglich. Der damalige Ministerpräsident Roland Koch und sein Finanzminister Karlheinz Weimar geraten ins Visier, es gibt Untersuchungsausschüsse. Die vier mutigen Steuerfahnder gelten in der kritischen Öffentlichkeit als Helden, bekommen Preise und Anerkennung. Aber für eine echte Rehabilitation ist es für die Fesers längst zu spät. Zu viel Schaden ist angerichtet worden. Beide haben das Finanzamt nur noch einmal betreten: zum Ausräumen ihres Schreibtischs. »Schweißgebadet und mit eiskalten Händen«, erinnert sich Tina Feser. »Das hätte ich nie gedacht, wo ich doch in diesem Haus einst meinen Traumjob angetreten habe.« Natürlich gab es – trotz 15 Jahren Dienstzeit – auch keinen Abschied. Ihre Urkunde haben sich die beiden beim Anwalt abgeholt, »immerhin haben wir aus Trotz eine Flasche Prosecco in die Anwaltskanzlei mitgenommen.«

Galgenhumor. Das ist das traurige Ende der Karriere einer Frau, die von sich sagt: »Ich habe mit jeder Faser meines Körpers an diesen Staat geglaubt.« Und die heute, wenn sie im Fernsehen den ›Baader-Meinhof-Komplex‹ sieht, sagt: »Ich kann das dort beschriebene Gefühl der Hilflosigkeit einem solchen Apparat gegenüber mittlerweile nachvollziehen.« Baader-Meinhof! Als Kind hat sie die Fahndungsplakate im Postamt gesehen, das waren die Staatsfeinde! Aber was ist das, dieser Staat? »Ich habe mein Vertrauen total verloren.« So schafft ein Staat sich Feinde.

Auf das Jobangebot des Finanzministers an alle zu Unrecht ins Abseits gestellten Steuerfahnder reagiert sie mit Skepsis. Ihr Vertrauen ist grundsätzlich erschüttert. »Wie kann ich denn in einem System arbeiten und Straftäter nach geltendem Recht verfolgen, wenn ich weiß, dass man sich innerhalb des Systems gar nicht an dieses hält?«

Für Heiko und Tina Feser hat sich der gesamte Alltag verändert. Sie leben von ihren Pensionen, das ist exakt die Hälfte von dem, was sie vorher verdient haben – »und es ist einfach nur Glück im Unglück, dass wir nie eine Wohnung gekauft oder Kinder bekommen haben.« Sonst würden sie mit dem Geld nicht auskommen. So schlagen sie sich durch.

Sie sind dünnhäutiger geworden. »Tagesschau kann ich gar nicht mehr sehen«, sagt sie, »schon nach der ersten Meldung fang ich an zu schreien: Schon wieder Privilegien für die Großverdiener? Schon wieder kein Geld für die Bildung? Wollen die uns alle dumm halten?« Illusionsloser sind sie geworden, auch er. Robin Hood, das hätte er nie von sich gesagt, er sah sich eher als »das Regularium«. »Ich wusste immer, die Welt wird ungerecht bleiben, reiche Eltern schicken ihre Kinder auf bessere Schulen, Großverdiener haben bessere Anwälte.« Aber in kleinen Nischen, da konnte er was verbessern, sagt Heiko. »Ich habe immerhin dafür gesorgt, dass der Kindergarten an der Ecke nicht nur von den kleinen Angestellten finanziert wird, sondern auch von den Großverdienern, die ihr Geld lieber in die Schweiz verschoben hätten.« Die meisten Steuersünder konnte auch er nicht erwischen, das weiß er wohl, er nennt es »die Ecken ein bisschen abrunden«. Das ist vorbei.

Und jetzt? Tina Feser studiert Kunst an der Frankfurter Malakademie, Heiko schreibt eine Abenteuergeschichte für Jugendliche, die ihn gedanklich weit weg führt, in frühere Zeiten und in ferne Länder.

»Uns geht es gut«, sagen die beiden tapfer, und sie sehen das Gute im Bösen. Ihre Ehe ist gewachsen an der Geschichte, »so intensiv hätten wir uns gegenseitig normalerweise nie kennengelernt.« Sie haben erfahren, dass ein Wutausbruch und ein Heulkrampf des anderen oft nicht

persönlich gemeint sind. Und dass man ganz schön aufpassen muss aufeinander. »Das hätten 20 Sitzungen im
Ashram in Indien nicht leisten können.«

Im Ashram waren sie nie, dafür sonntags im katholischen Gottesdienst – übrigens ohne katholisch zu sein.
»Mir hat das mehr geholfen als der Psychiater«, sagt Tina
Feser und spricht von Gottvertrauen. Dem Gefühl, etwas
wert zu sein, auch wenn man von vielen Seiten zermürbt
wird, herabgesetzt. Das findet Tina Feser bis heute das
Schlimmste: »Sie haben mir meine Würde genommen.«
Der Finanzminister zum Beispiel spricht bis heute nur von
»denen«, die Namen der tapferen Steuerfahnder hat er nie
in den Mund genommen.

Genau das aber würde sie sich wünschen, um die Sache
irgendwann zu einem inneren Abschluss zu bringen. Es
geht ihr nicht um den Job, es geht auch nicht ums Geld.
»Ich möchte, dass der Minister hier an meinem Tisch sitzt,
dass er meinen Namen sagt und mir endlich eine Antwort
gibt. Eine Antwort auf die Frage: warum?« Es müsste gar
nicht nach draußen dringen, Fernsehteams hatte sie genug
in der Wohnung. Ihr geht es um was anderes: »Ich möchte
einmal wahrgenommen werden.«

Das könnte der Exminister vielleicht doch noch mal machen, es sind nur 25 Minuten im Dienstwagen von Wiesbaden nach Frankfurt. Er könnte an diesem dunklen Holz-
tisch sitzen, vor dem großen blauen Bild, und sagen: »Frau
Feser, ich möchte Ihnen das erklären.« Es wäre eine große
Geste. Und Tina Feser kann nur groß.

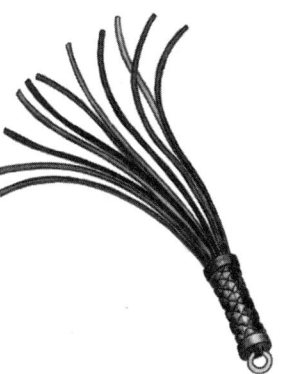

Mein Steuerberater und ich

*Warum man sich den Mr. Right
genau aussuchen sollte*

Ist er der Richtige für Sie? Können Sie ihm wirklich vertrauen? Und: Gehen Sie fremd, wenn er mal in Urlaub ist? Diese Fragen stellt die Frauenzeitschrift ›Brigitte‹ regelmäßig ihren Leserinnen, und es geht immer um den EINEN: den richtigen Friseur. Da werden Geheimtipps ausgetauscht, arrivierte Managerinnen fahren alle paar Wochen Hunderte von Kilometern zurück zum Ort ihrer Schulzeit, besonders extravagante aber auch nach Paris oder Barcelona – nur um diesen einen Mr. Right, den Friseur des Vertrauens, zu treffen. Nur der wählt diesen cyan-orange Ton in den Strähnchen so perfekt, nur bei dem kann sie offen sagen, dass sie eigentlich einen ganz neuen Schnitt braucht. Weil der Kerl weg ist, das Leben Mist und jetzt einfach mal was ganz anderes hermuss. Ich trau mich das jetzt!

Ach, würden Frauen nur so viel Herzblut auf die Wahl ihres Steuerberaters verwenden wie auf die Wahl ihres Friseurs. Gut, der kann keine Strähnchen machen. Aber er kann im Zweifelsfall beim Finanzamt so viel Geld rausschlagen, dass man davon einmal mit Lufthansa zu Vidal

Sassoon himself fliegen kann (und es von der Steuer absetzen, weil berufsbedingter Aufwand). Und was den persönlichen Schnitt im Leben betrifft – den sollte man im Zweifelsfall sowieso frühzeitig mit dem Steuerberater besprechen. »Wenn Sie sich von Ihrem Mann trennen wollen«, rät Regine Kreitz von der Bundessteuerberaterkammer, »rufen Sie erst Ihren Steuerberater an und dann Ihren Mann.« Haare abschneiden kommt später – meist nach dem Scheidungstermin.

Das klingt schon nach einem ziemlich elaborierten Anforderungsprofil. Dass er sich mit Zahlen, Fakten und der neuesten Rechtsprechung des Bundesfinanzhofs auskennt – eh klar. Aber was kann er im Idealfall noch? Sich in die Lebenswelt der Klienten einfühlen. Total diskret sein – und dennoch ohne rot zu werden persönliche Fragen stellen. Und streng sein: Wie jetzt, die Bewirtungsbelege sind nicht ausgefüllt? Zack, zack, Adressbuch nehmen, Kalender zur Hand und hurtig Bewirtungsanlässe erinnern! Der ideale Steuerberater ist also zumindest Therapeut und Beichtvater, im Idealfall ist er eine Art Erziehungsberechtiger. Was Elternhaus und deutsches Bildungssystem nicht geschafft haben, muss er uns beibringen: leserlich schreiben. Belege chronologisch sortieren. Und, ja Herrgott, das wird doch wohl gehen – die Restaurantquittungen so abheften, dass nicht einmal der Kreditkartenbeleg und separat noch die Bewirtungsquittung eingereicht werden.

Der Steuerberater geht ja erst mal davon aus, dass sein Kunde dasselbe libidinöse Verhältnis zu Exceltabellen, Hängeregistern und Quittungsblöcken hat wie er selbst. Aber wenn dem so wäre – dann würden wir doch alle unsere Steuererklärung selbst machen. Da wir im Regelfall von der deutschen Steuergesetzgebung im Allgemeinen und den letzten drei Novellen im Besonderen überfordert sind, brauchen wir einen Profi. Einen, der möglichst ganz anders ist als wir – also ist der Clash of Cultures vorprogrammiert.

Und das macht es problematisch. Gerade wir Frauen treffen uns gerne mit unseresgleichen. Die linke Journalistin beauftragt bevorzugt die selbstverwaltete Steuermanufaktur, duzt deren Mitarbeiter, die sie nach Feierabend im Fahrradladen ihrer Wahl trifft. Ganz falsch! Denn der ideale Berater ist auch eine Art interkultureller Dolmetscher, kennt die Welt seiner Klientin genauso wie die Welt des Finanzamts. War schon mal im abgefahrenen Loft seiner Architektenklientin, aber auch im überheizten, unbelüfteten Kabuff der Finanzbeamtin, die letztlich über die Belege der Architektin entscheidet. Ein Mittler zwischen den Welten, das wäre schön.

Häufig ist auch der andere Fall: Schlampiger Steuerpflichtiger sucht sich extrem bürokratischen Ärmelschoner. »Mein Steuerberater ist ein totaler Pfennigfuchser«, sagt die Schlampe dann gern, »der ist dermaßen penibel.« Und es klingt, als rede sie voller Ehrfurcht von ihrem sadistischen Gebieter im SM-Club.

Wie findet man also nun Mr. Right? »Die Chemie muss stimmen«, sagt Harald Grürmann, der in Lüneburg eine alteingesessene Steuerkanzlei führt. Schon 1949 hat sein Vater die Kanzlei gekauft, der Sohn betreut noch heute viele Familien aus der Gründerzeit. Er vertritt Unternehmen, die in der Nachkriegszeit gegründet, verkauft und wieder fusioniert wurden – Chefs kamen und gingen, der Berater blieb. Das ist ideal, denn so gehört der Steuerberater fast zur Familie – und ist die erste Vertrauensperson, wenn ein Mitglied heiratet, sich scheiden lässt, ein Haus kauft oder stirbt. »Da kann man über alles reden, auch über das Persönliche«, sagt Grürmann, »ich fühle mich dann oft wie ein Beichtvater.«

Doch was macht der moderne Mensch, der alle paar Jahre umzieht, Jobs und Standorte wechselt und manchmal auch den Mann oder die Frau? Der muss sich einen neuen Berater suchen. Aber wie?

Die Auswahl ist groß: Über 75 000 Steuerberater sind in Deutschland tätig – Mitte der 60er-Jahre waren es noch 25 000. Ein krisensicheres Gewerbe, denn jedes Jahr gibt es Hunderte von Änderungen im Steuerrecht. Allein in der letzten Legislaturperiode mussten sie 42 Änderungsgesetze anwenden. Und zehn Prozent der weltweiten Steuerliteratur beschäftigt sich mit dem deutschen Steuerrecht. Ja, klar kann man auch versuchen, alles selbst zu lesen, aber wann soll man dann noch Geld verdienen? Also wird es, sobald man beruflich halbwegs angekommen ist, doch darauf hinauslaufen: Ich brauche einen Berater! Aber welchen?

Manchen hilft bei der Suche die Frage, welchen Typen sie am dringendsten brauchen: einen Holzfäller, der ihnen eine Schneise durch den Paragrafendschungel schlägt? Einen Dolmetscher, der ihnen die fremde Welt des Finanzamtes übersetzt? Einen Hausarzt, der in kurzer Zeit die richtige Diagnose stellt? Oder einen Jäger, der nach saftigen Fördertöpfen und Subventionen jagt?

Nehmen wir den Typ Holzfäller. Geeignet für Abenteurer, die auch sonst kein Risiko scheuen und wissen, wo gehobelt wird, da fallen Späne. Der Typ Holzfäller passt wunderbar zum selbständigen Finanzberater oder Immobilienmakler, der den Umgang mit dem Finanzamt gewohnt ist. Der auch im Leben auf Risiko spielt und sich dabei notfalls ein blaues Auge holt. Sollen die doch die Hälfte der Kosten wieder rausschmeißen, Hauptsache, wir haben es probiert.

Gar nichts ist der Typ Holzfäller für die feinsinnige Künstlerin, die sofort Migräne bekommt, wenn sie einen Brief vom Finanzamt im Briefkasten findet. Zu der passt zweifellos besser der Typ Hausarzt. Der einen väterlichen, erfahrenen Blick auf seine Patientin hat, ihr behutsam die richtigen Fragen stellt und diskret die Herztöne abhört. Leider muss sie sich ja beim Steuerberater – wie beim Hausarzt – im Zweifelsfall auf Herz und Nieren überprüfen lassen. Und drum soll er oder gerne auch sie eine sein, bei der man sich nicht schämen muss, wenn man die letzten zwei Jahre steuerlich ziemlich ungesund gelebt hat. Die einen nicht schimpft, wenn man sich einen kleinen Wohlstandsbauch angefuttert hat und sein regelmäßiges Exercising unterlassen hat, von dem das Finanzamt selbstverständlich ausgeht: schön jeden Samstag Buch geführt, Essensquittungen immer gleich ausgefüllt und am besten ein Fahrtenbuch angelegt. Klar hat die Künstlerin das alles nicht geschafft, sonst wäre sie nämlich nicht kreativ gewesen. Das Chaos ist ihre Stärke, die Intuition und das Spontane. Hat Spätwirkungen, logo, und die muss die Steuerberaterin – Typ Hausärztin – jetzt kurieren, ohne dumme Sprüche zu machen.

Gut helfen kann ihr auch der Typ Dolmetscher. Je weiter die Welten zwischen Finanzbeamtem und Steuerpflichtigem voneinander entfernt liegen, desto mehr Dolmetscherqualitäten braucht der Berater. Künstler. Opernsängerinnen. Museumsdirektoren. Eine Finanzbeamtin versteht auch nicht, warum ein Museumsdirektor eine Quittung über einen sonntäglichen Besuch im Wiener Museumsquartier einreicht. Sonntag? Sowieso privat. Museum? Vergnügen. Also: Privatvergnügen. Hallo, die Finanzbeamtin arbeitet montags, dienstags und donnerstags von 8 bis 12, Anrufe bitte nur dienstags und donnerstags. In Wien war sie auch mal, für 29 Euro mit German Wings, da ist sie Fiaker gefahren und das war privat. Das muss man ihr schon sehr genau erklären, warum ein Museumsdirektor montags manchmal auf dem Golfplatz ist, alldieweil sein Museum nämlich geschlossen ist. Aber sonntags sehr wohl dienstlich in Wien, gucken, was die Konkurrenz macht.

Aber auch umgekehrt muss der Dolmetscher seinem Klienten klarmachen, wie ein Finanzamt tickt. Dass es hier um Belege geht, um Fristen, um Zahlen und Fakten. Und nicht um Meinungen, Überzeugungen und gedrechselte Worte. Das ist ja schön, dass er nach Wien seine begabte Tochter mitgenommen hat, aufstrebendes junges Talent in der Düsseldorfer Kunstszene. Natürlich war das beruflich bedingt. Schwer für den Steuerberater, dem Museumsdirektor zu verklickern: Kind auf dem Ticket gleich privat gleich nix mit abzugsfähig.

Da besteht er aber drauf, der Museumsdirektor, dass seine Kunstreisen von der Steuer abzugsfähig sind! Da würde er notfalls klagen bis zur letzten Instanz! Dann sucht er sich am besten auch noch einen Berater mit Jägerqualitäten. Der unbändigen Spaß daran hat, die jüngsten Urteile des Bundesfinanzhofes zu durchwühlen und einen Einspruch nach dem anderen zu formulieren. Der erst mal aufspürt, welcher Finanzbeamte wie tickt und wie man den erlegen kann.

Ja, was denn nun? Klar, der beste Steuerberater hat von allem ein bisschen, und man kann schon Hochachtung haben vor diesem Berufsstand. Dabei muss er diskret, freundlich und geduldig bleiben. Muss Verantwortung und Vertrauen mitbringen – das steht sogar im Leitbild der Bundessteuerberaterkammer. Uff, ganz schön viel auf einmal. Ob einer das alles leistet, kann man letztlich nur »mit dem Bauch entscheiden«, sagt Berater Grürmann. Und das ist schon wieder sympathisch für einen Berufsstand, der hochgradig rational organisiert ist.

Aber wenn das Bauchgefühl sagt: Hm, weiß nicht, fühlt

sich komisch an? Dann soll man es lieber lassen, rät Grürmann. Das gelte im Übrigen für beide Seiten. »Es kommt vor, dass ich nach fünf Minuten merke: passt nicht.« Und dann? Schickt er den Mandanten »eine Tür weiter«, zum Partner. Viele Steuerberater arbeiten mittlerweile in Sozietäten, inzwischen sind sogar 27 Prozent angestellte Berater, Tendenz steigend. Passt der eine nicht zum Klienten, passt vielleicht der andere.

Sicher ist: Es kommt in jeder langjährigen Beziehung zwischen Steuerberater und Klient der Moment, an dem es peinlich wird. Weil auf einer Hotelrechnung, angeblich Messebesuch, plötzlich ein fremder Männername auftaucht. Weil auf einem Überweisungsformular als Anlass »Weinundliebe« steht und der Berater sicherheitshalber nachfragt, ob das eine berufliche oder eine private Überweisung war. Und richtig zusammenrücken muss man mit seinem Dienstleister, wenn klar ist: Hey, ich habe Steuern hinterzogen. Und wir beide werden jetzt richtig fett auffliegen.

»Natürlich passiert es, dass einer, für den man die Hand ins Feuer legt, eines Tages kommt und die Hosen runterlässt«, sagt Grürmann. Und dann? Enttäuscht? Nein, dann »zieht man das gerade«, sagt der erfahrene Berater. Macht Schwarzgeld weiß, im Zweifelsfall eine Selbstanzeige. In jeder langjährigen Beziehung gibt es Überraschungen und Krisen. Und es ist dann wie im richtigen Leben: Wer mit seinem Steuerberater eine langwierige Betriebsprüfung oder ein Strafverfahren durchgestanden hat, der weiß: Das schweißt zusammen. Und wenn man es nicht zu bunt getrieben hat, wird der Berater sagen: Ich kenne da ganz andere Fälle. Ich sage Ihnen, es gibt Schlimmeres. Ach, das tut gut. Weil, es stimmt einfach: Steuern nachzahlen ist saublöd. Aber es ist, Herrgott, ja nur Geld.

Arbeit, das reinste Vergnügen

Warum das Finanzamt noch so gar
nichts von Work-Life-Balance gehört hat

In den 50er-Jahren muss die Tätigkeit eines Finanzbeamten noch relativ überschaubar gewesen sein. Arbeit, das war das, was von 8 bis 17 Uhr stattfand. In vielen Betrieben stand eine Stechuhr, die wie eine Schranke zwischen Privatleben und Arbeit wirkte: Klack, ab jetzt ist Arbeit. Klack, jetzt ist Feierabend. Dienst ist Dienst, und Schnaps ist Schnaps.

Arbeit fand nur ganz selten zu Hause statt. Sie fand – bis auf Schichtarbeit am Fließband oder Pflege im Krankenhaus – auch nur werktags statt. Und sie wurde meist von Männern verrichtet. Die Mehrzahl der Ehefrauen kümmerte sich zu Hause um Kinder, Küche und manchmal die Kirche. Und genau dazu passte das Steuersystem: Der Mann verdient regelmäßiges Geld, vorwiegend außer Haus. Was zu Hause stattfindet, Familie und Kindererziehung, ist Privatvergnügen. Dafür darf der Mann seine Steuerschuld per Ehegattensplitting fast halbieren. Und für dieses traditionelle Modell durfte er sich lange auch bei der katholischen Kirche bedanken, die von der Kanzel herab ihren Segen für das erteilte, was Herr Adenauer und Herr Wuermeling sich ausgedacht hatten.

Das ist jetzt 50 Jahre her, und fast alles hat sich seither geändert. Bloß eines ist geblieben: das Steuersystem.

Immer mehr Männer bringen abends das Büro mit nach Hause. Das fing schon in den 60er-Jahren an, als der Aufschwung Tempo aufnahm, da nahm Papa Akten mit nach Hause, die er durchackerte, wenn abends die Kinder schliefen. Er brachte so viel Arbeit mit, wie in seine Aktentasche passte.

Heute bringen Männer wie Frauen ihr gesamtes Büro mit nach Hause, weil sie einen Laptop, ein Palm oder ein iPhone haben. Natürlich schauen sie sonntags in die Mails vom Büro. Und sie sind per Handy jederzeit erreichbar für den Chef. Feierabend? War gestern.

Noch viel revolutionärer hat sich das Leben der Frauen verändert. Zwei Drittel aller Frauen zwischen 15 und 65 sind berufstätig, und junge Frauen sagen bei jeder Umfrage: Ich will beides, Beruf und Familie. Für sie sind die Grenzen zwischen Arbeit und Privatleben längst verwischt, und das ist von politischer Seite mehr als erwünscht. »Work-Life-Balance« heißt das Zauberwort, und in den Werbebroschüren des Familienministeriums geht es bunt durcheinander: Da krabbeln fröhliche Kleinkinder im Betriebskindergarten der Firma herum und pralle Säuglinge strampeln neben der Tastatur zu Hause. Da ist viel die Rede von flexiblen Arbeitszeiten und den wunderbaren Fähigkeiten, die Familienfrauen angeblich in die Wirtschaft tragen. Mütter sind angeblich die besseren Manager, sie wissen zu jonglieren, zu organisieren und zu delegieren. Natürlich lassen sie nicht um 17 Uhr den Griffel fallen, sondern manchmal schon um 14 Uhr, weil die Kita aus ist. Dafür sitzen sie abends bis 23 Uhr am Computer. Oder treffen sich sonntags mit einem Geschäftspartner, weil da das Kind gerade bei Oma ist und betreut.

Alle haben das verstanden und jubeln über die neuen Synergieeffekte zwischen Arbeit und Privatleben. Denn für alle ist es gut. Unternehmensberater und IT-Firmen beschäftigen für ihre Mitarbeiter längst Kinder-Nannys und Psychologen, Masseure und Ernährungsberater, weil sie nicht nur auf die Arbeitskraft ihrer Mitarbeiter zugreifen wollen, sondern auf die gesamte Persönlichkeit. Sie wollen zufriedene Mitarbeiter, das steigert den Umsatz. Und auch die Mitarbeiter – und vor allem die Mitarbeiterinnen – sind froh, dass sie nicht mehr nach Stechuhr arbeiten müssen, sondern im Rhythmus ihres Lebens – ja, manchmal auch im Rhythmus ihrer Kindertagesstätte, die bisweilen um 14 Uhr schließt und auch in den Ferien drei Wochen die Schotten dichtmacht.

Logisch, dass Firmen das alles nicht aus purer Menschenfreundlichkeit betreiben. Auf Euro und Cent haben sie sich ausrechnen lassen, was es bringt, wenn sie in die Work-Life-Balance ihrer Mütter und Väter im Betrieb investieren. Eine Firma, die 300 000 Euro in Home Office oder Betriebskindergarten steckt, spart auf der anderen Seite 375 000 Euro ein. Denn die Mütter und Väter sind zufrieden, arbeiten motiviert, verlassen seltener das Unternehmen – das ist alles besser als neue Mitarbeiter zu rekrutieren und einzuarbeiten.

Diese Zahlen hat das prognos-Institut für die Bundesregierung ermittelt. Und weil sie so sonnig ausgefallen sind, hat die damalige Familienministerin gleich noch eine Rechnung hinterhergeschoben: Nicht nur für die Frauen ist das prima mit der Work-Life-Balance. Und nicht nur für die Firmen. Nein, auch für den Staat! 1,3 Prozent mehr Wachstum. 221 000 Arbeitsplätze können so bis 2020 geschaffen werden. 13 Milliarden Euro Sozialversicherungsbeiträge – das ist dereinst der fette Gewinn für den Staat, also für uns alle, wenn für eine Work-Life-Balance gesorgt wird.

Seit diese Rechnung auf dem Tisch ist, laufen alle erdenklichen Programme, die es Müttern und Vätern einfacher machen sollen, Beruf und Familie zu vereinbaren. Viele viele bunte Flyer bringt die Bundesregierung unter junge Eltern. Immer mit der Message: Geht arbeiten, eure Kinder werden betreut, wir kümmern uns. Nur eines haben die Damen Familienministerinnen leider versäumt. Sie sollten bei einer dieser fotogenen Kabinettsklausuren auf Schloss Meseberg, da, wo sie so schön und sommerkleidmäßig im Grünen sitzen – da sollten sie einfach mal ein Bier mit dem Kollegen Finanzminister trinken. Und ihm unter Ministern mal eben sagen: Junge, pass auf, es hat sich was getan bei den deutschen Familien. Und darauf muss jetzt auch mal das Steuersystem reagieren.

Denn es ist leider so: Alle denken um, sind smart und flexibel. Die Firmen, die Eltern, manchmal sogar die Kindergärten und Ganztagsschulen. Nur das Finanzamt ist noch ganz, ganz altes Deutschland. Dass man überhaupt Kinderbetreuung braucht, wenn man arbeiten geht – allein diese Erkenntnis brauchte bis zum Jahr 2006. Seither dürfen berufstätige Eltern immerhin bis zu 4000 Euro jährlich von der Steuer absetzen, wenn ihr Kind einen Kindergarten besucht. Bis dahin waren Kindergartenbeiträge reinstes Privatvergnügen.

Alles andere, mag der Fiskus denken, kann dann wohl so bleiben, wie es ist, oder? Arbeiten nach Stechuhr, Dienst ist Dienst, und Schnaps ist Schnaps.

Immer dort, wo moderne Menschen Arbeit, Familie und den ganz alltäglichen Wahnsinn unter einen Hut bringen wollen, wird es ganz, ganz schwierig für den deutschen Finanzbeamten.

Würde ich als Journalistin folgende drei einfache Aussagesätze einer Zeitung verkaufen wollen, sie würde keine Meldung daraus machen. Binse, gähn, geht jedem so. Aber genau diese drei Sätze stoßen in einem deutschen Finanzamt (am Eingang übrigens eine Stechuhr! Ganz alte Arbeitswelt!) auf totales Unverständnis.

Also, zum Mitschreiben: Wer als junge Mutter oder junger Vater arbeitet, muss manchmal sein Kind mitnehmen.

Als mein erstes Kind auf die Welt kam, war ich 34. Im besten Alter, um Kinder zu kriegen, aber auch im besten Alter, um Karriere zu machen. Das Zeitfenster für beide Ansinnen ist sehr klein, die Familienkommission der Bundesregierung nennt das die »Rushhour of Life«.

Genau so sehen Frauen mit Anfang dreißig denn auch aus. Verdammt gehetzt. Denn es ist anstrengend, zwischen einem Baby mit Blähungen, einem Kollegen mit Karriereambitionen und einem Arbeitsplatz mit Fulltimestress zu jonglieren.

Ich habe damals meine feste Stelle in einer Zeitungsredaktion gekündigt und mich mit Jobs selbständig gemacht, die sich mit der Kindererziehung vereinbaren ließen. Schnell habe ich gemerkt, dass zwei Dinge gut gehen: Themen, die mit Kindern zu tun haben – die sind zum Glück gefragt auf dem Zeitungsmarkt, denn viele junge Eltern machen sich Gedanken über die richtige Erziehung ihrer Kinder. Weiterhin waren für mich als stillende Mutter Jobs gut zu bewältigen, bei denen mein Baby in der Nähe war und mir alle paar Stunden an die Brust gereicht werden konnte.

Da ich wie viele junge Leute weit entfernt von meinen eigenen Eltern wohnte (in meinem Fall waren es 600 Kilometer), habe ich mir während meiner ersten Schwangerschaft überlegt: Wie kann ich es deichseln, dass meine Eltern auf das Kind aufpassen, während ich arbeite? Mit viel Mühe und Glück gelang es mir, einen Lehrauftrag am Wohnort meiner Eltern zu ergattern. Jubel! Ich konnte in Ruhe gut bezahlte Kurse geben, während meine Eltern auf den Säugling aufpassten und ihn alle vier Stunden zum Stillen brachten.

Das alles kann man einem deutschen Finanzbeamten erklären. Das interessiert den aber gar nicht. Denn bei der Steuer geht es nicht um pralles Leben. Da geht es um Belege. Quittungen. Nachweise. Der Nachweis über »berufsbedingte Ausgaben« für einen Lehrauftrag im Journalismus ist beispielsweise ein Bahnticket. Auf dem Bahnticket steht vermerkt, dass der Passagier ein Kind dabeihatte. Und dass die Zugfahrt in den Heimatort der Eltern führte. Privat! Da haben Sie doch nur mit dem Enkel die Großeltern besucht. Nein, da war der Lehrauftrag, hier ist das Honorar. Ja, aber die Eltern haben Sie trotzdem besucht. Das ist doch Vergnügen! Und Kind auf dem Ticket, sorry, da gibt es dieses Bundesfinanzhofurteil. Beleg, Urteil, Rechtsprechung. Altes Deutschland.

Als meine Kinder größer wurden, habe ich manchen Zeitschriften Themen angeboten, die mit Bildung und Erziehung zu tun hatten. Für ›Focus Schule‹ habe ich »Städtereisen mit Kind« recherchiert. Fuhr mit dem sechsjährigen Leo nach Hamburg, Übernachtung auf dem Feuerschiff, zeigte ihm den Hafen, beschrieb den engagierten Lesern, was man neugierigen Kindern in der Großstadt alles beibringen kann. Denn Kinder sind ja, alles Jargon der Bundesregierung, »frühe Forscher«, man muss ihre »Windows of Opportunity« nutzen und »Quality Time« mit ihnen verbringen. Sonst verblöden sie und kriegen später keine Jobs, und das wäre schlecht für unsere Renten.

Also habe ich eigentlich alles richtig gemacht, aber halt: Ich hätte in ›Focus Schule‹ nicht über mein eigenes Kind schreiben dürfen. Das ist doch Ihr Kind auf der Übernachtungsquittung, sagt die Steuerprüferin. Ja, klar, sage ich, steht ja auch im Artikel, wer macht schon Städtereisen mit fremden Kindern. Hätte ich am Hamburger Dammtor-Bahnhof mein Kind zur Adoption freigeben sollen und ein fremdes kidnappen? Ja, steuerlich wäre es besser gewesen, dann hätte ich die Übernachtung auf dem Feuerschiff von der Steuer absetzen können. Weil: Kind auf der Quittung, das ist ja wohl Ihr Privatvergnügen, Bundesfinanzhof, ja ja ja. Altes Deutschland.

Erst jetzt, guten Morgen!, im Jahr 2010 scheint sich ein etwas modernerer Begriff von Arbeit durchzusetzen. So können neuerdings Privatreisen und geschäftliche Reisen kombiniert werden – weil ein IT-Fachmann sich erfolgreich durch alle Instanzen geklagt hat. Der Mann war auf eigene Kosten zur Branchenmesse Comdex nach Las Vegas gefahren. Er gab nicht etwa die ganze Reise als Dienstreise aus, nein, er war ehrlich: Dreieinhalb Tage schwitzte er geschäftlich in den stickigen Messehallen. Drum wollte er die Flugkosten absetzen. Die restlichen Tage schwitzte er privat im Spielcasino und planschte im Hotelpool. Bislang waren solche »gemischt veranlasste Reisen« tabu für die Steuer. Bislang galt das »Aufteilungsverbot« in beruflich und privat. Jetzt hat der Bundesfinanzhof ganz überraschend entschieden: Reisen können sehr wohl aufgeteilt werden.

Dank dem ITler könnte also jetzt auch ich vor dem Bundesfinanzhof klagen, um nachträglich die Reise auf dem Hamburger Feuerschiff von der Steuer abzusetzen. Ich könnte sagen: Ein Tag war Recherche über frühkindliche Förderung, das will ich absetzen, einen Tag Eisessen und Hamburggucken nehme ich auf meine private Rechnung.

Die Chancen vor Gericht, sagt der Präsident des Bundesfinanzhofes, stehen ganz gut. Kläger wie der Las-Vegas-Tourist bekommen in jedem fünften Fall Recht vor dem Bundesfinanzhof. Aber ehrlich gesagt: Das Kind, mit dem ich seinerzeit auf dem Feuerschiff war, ist mittlerweile ein pubertierender Teenager. Das Geld ist ohnehin längst futsch. Und in der Zeit, die ich mit dem Verfassen von Klageschriften verbringen müsste, lerne ich lieber Englischvokabeln mit dem Sohn. Ist auch eine Investition in die Zukunft.

Wirklich: Arbeit darf auch Spaß machen!

Es mag die Jobs noch geben, bei denen man auf einen Blick unterscheiden kann: Das war Arbeit und das war privat. Es sind vor allem Jobs im sogenannten sekundären Sektor, der Industrie. Aber dieser Sektor nimmt permanent ab: Nach dem Zweiten Weltkrieg war über die Hälfte der Erwerbstätigen im verarbeitenden Gewerbe, heute ist es nur noch ein Viertel. Die Berufe der Zukunft finden in ganz anderen Bereichen statt, dem Handel, der Dienstleistung, der Gesundheit, der Kultur. Da überschneiden sich Beruf und Privates sehr viel öfter, und das ist gut so.

Peter M. ist Generalmusikdirektor in einer deutschen Großstadt. Er fliegt mindestens an einem Wochenende im Monat nach Berlin, Wien oder Barcelona, um sich Operninszenierungen anzuschauen. Privatvergnügen, sagt das Finanzamt. Die Logik ist einfach: Was jeder Mensch zu seinem Vergnügen macht – Oper besuchen, Krimis lesen, Tageszeitung abonnieren – kann nicht einer plötzlich von der Steuer absetzen. Wo kämen wir denn da hin?

Aber warum eigentlich nicht? Ich selbst bin totaler Opernbanause. Wenn ich mir in Frankfurt den ›Ring des Nibelungen‹ anschaue, ist das privat und ich würde es nie von der Steuer absetzen. Aber ich bezahle gerne mit meinen Steuergeldern Menschen wie Peter M., die mein Vergnügen inszenieren. Je besser ihm das gelingt, desto lieber zahle ich meinen Eintritt. Und natürlich muss der seine Opernreisen von der Steuer absetzen dürfen – wie soll er denn in seiner Stadt eine grandiose Inszenierung hinbekommen, wenn er nicht ab und zu schaut, was der Kollege in Wien so macht?

Darf er aber nicht einfach so. Sein Steuerberater hat mühsam mit dem Finanzamt ausgehandelt: M. darf seine Opernreise nach Wien dann absetzen, wenn er binnen eines halben Jahres dasselbe Stück an seiner Heimatoper inszeniert. Dann war die Aufwendung »berufsbedingt«. Sonst war sie privat. Also: ›Ring des Nibelungen‹ geht klar, ›Othello‹ fliegt raus. Als Opernbesucherin kann ich nur sagen: schade. Das Stück habe ich doch in Wien schon gesehen. Kann der hier nicht mal was anderes inszenieren?

Anderes Beispiel. Eine Frauenzeitschrift bat mich in den 90er-Jahren, einen großen Artikel über Akupunktur und Traditionelle Chinesische Medizin zu schreiben. Ich war die perfekte Autorin, denn ich leide an Migräne. Das Schicksal teile ich mit 8 Millionen Deutschen. Diese Zahl klingt gut für die Redaktion einer Frauenzeitschrift. 8 Millionen potenzielle Leser.

Auch für mich klang der Auftrag spitzenmäßig, vier Wochen TCM-Klinik, ich nahm den Laptop mit und schrieb ein »Kliniktagebuch«, das immerhin 2500 DM Honorar brachte. Die Aufwendungen – Anreise und Einzelzimmerzuschlag – trug ich selbst. Kann man ja von der Steuer absetzen. Dachte ich.

Nein, sagte das Finanzamt, bei der Gelegenheit sind Sie ja gesund geworden. Bin ich nicht, sagte ich, steht auch in dem Artikel. Hat mir gar nicht geholfen gegen die Migräne.

Aber war Ihr Privatvergnügen, sagte das Finanzamt. War es nicht, sagte ich, die chinesischen Kräuter schmeckten wie Jauche und man musste um sieben Uhr morgens Qi Gong im Garten üben. Half nichts. Privatvergnügen. Andere machen das schließlich auch aus privaten Gründen.

Das ist typische Finanzamt-Denke: Was Spaß macht, kann keine Arbeit sein. Das mag ja auf den Beruf der Finanzbeamten sogar zutreffen. Aber es gibt auch ganz andere Berufe. Ein Bekannter von mir ist Künstler, er lebt unter anderem davon, auf Kreuzfahrtschiffen Schnitzkurse zu geben. Das Honorar ist gering – und wird natürlich ordentlich versteuert. Dafür fährt er, wie alle Musiker, Jongleure und Artisten, auf diesem Kreuzfahrtschiff umsonst mit. Worauf die Finanzbeamtin gleich mit spitzen Fingern deutete: Da müsste doch der normale Passagierpreis von 15 000 Euro versteuert werden. Nö, sagte der Künstler, das ist Arbeit, ich kann Ihnen beweisen, wie viele Kunden ich auf dieser Fahrt gewonnen habe. Aber die Finanzbeamtin hatte ganz offenbar viel Fernsehen geguckt. Traumschiff! Und das soll Arbeit sein?

Bisweilen spricht der blanke Sozialneid aus solch kleinlichen Finanzbeamten. Meine Steuerprüferin sagte regelrecht beleidigt: Sie schreiben ja fast über alles. Da könnten Sie gleich Ihr ganzes Leben von der Steuer absetzen. Die Idee ist übrigens gar nicht so doof. Der Filmregisseur Helmut Dietl hat das angeblich mal probiert. Erzählt zumindest der Autor Benjamin von Stuckrad-Barre. Dietl und Stuckrad-Barre haben zusammen ein Drehbuch geschrieben, das eine Art Fortsetzung der Münchner Gesellschaftskomödie ›Kir Royal‹ sein sollte. Und um genug Stoff zu kriegen, haben sie sich monatelang in Berliner Szenekneipen rumgetrieben, haben im »Borchardt« die Gespräche am Nebentisch belauscht und im Regionalexpress die Deutschen beobachtet. Stuckrad-Barre zum ›Tagesspiegel‹: Dietl weist in einem Brief ans Finanzamt nach, »dass seine gesamten Lebensführungskosten abzugsfähig sein müssten, weil er immer arbeitet, auch im Schlaf. Schließlich können auch Träume zu Filmszenen werden.« Na ja, das hat er natürlich nicht ganz ernst gemeint. Und das Finanzamt hat die Rotweinquittungen vom Borchardt wohl auch nicht alle akzeptiert.

Aber eine gewisse Logik hat es schon – und in anderen Ländern wird anders gedacht. In Irland gibt es 69 Künstler, die komplett von der Steuer befreit sind, weil der Staat davon ausgeht, dass ihr Leben ganz dazu dient, Inspirationen für ihre Kunst zu sammeln. Bildende Künstler sind darunter, Drehbuchautoren, Musiker, Fotografen und Buchillustratoren. Große Namen stehen auf der Liste, die Bestsellerautorin Cecilia Ahern (›P.S. Ich liebe Dich‹) und der Radiomoderator Michael Murphy, der seine Memoiren über seine Krebserkrankung als Buch veröffentlicht hat. Damit der Aufschrei des irischen Volkes nicht zu laut wird, wurden übrigens die Topverdiener unter den Künstlern wieder gestrichen. Ein Chris de Burgh muss nun wirklich nicht auch noch steuerfrei seine Millionen einstreichen. Wer mehr als 125 000 irische Pfund verdient, flog wieder von der Liste runter. Aber die anderen, die ihr ganzes Leben zu Kunst verarbeiten – die leben auf der grünen Insel steuerfrei. Ganz nach dem Motto des Literaturnobelpreisträgers Gabriel Garcia Marquez: »Leben, um davon zu erzählen.«

Echt jetzt: Feierabend gibt's nicht mehr

Es gibt viele soziologische Abhandlungen über das Ende des Feierabends. Traurige, melancholische Betrachtungen beim Deutschlandfunk. Knallharte Berechnungen der Gewerkschaften. Die Botschaft ist immer dieselbe: Feste Arbeitszeiten sind vorbei. Wer in Frankfurt abends durchs Bankenviertel radelt, sieht noch viele helle Fenster. Im Kölner Rheinauhafen, wo große Computerfirmen wie Microsoft oder EA Sports ihr Headquarter haben, ist auch sonntags die Kantine offen.

Zu den wenigen Gebäuden, die definitiv werktags ab 17 Uhr dunkel sind, gehört auf jeden Fall das Finanzamt. Das sei den Angestellten dort gegönnt, denn die Arbeit beim Finanzamt ist schwer und schlecht bezahlt. Aber vielleicht könnten Finanzbeamte in ihrer Freizeit mal zur Zeitung greifen – sorry, Zeitungsabo grundsätzlich nicht abzugsfähig – und lesen: Ja, die meisten Deutschen arbeiten auch schon mal abends und am Wochenende.

Dann würden sie endlich verstehen, warum man Bewirtungsquittungen einreicht, die außerhalb der »Dienstzeiten« ausgestellt sind. Sicher treffen Architekten hin und wieder sonntags ihre potenziellen Kunden. Natürlich führen Journalisten auch nach 22 Uhr Recherchegespräche – gerade die. Weil tagsüber, wenn das Telefon ständig dudelt und alle zehn Sekunden das E-Mail-Fenster aufpoppt, gar keine Zeit bleibt für intensive Gespräche, weil nur spätabends überhaupt eine ruhige, konzentrierte Gesprächsatmosphäre möglich ist. Aber spätabends, da ist Feierabend für das deutsche Finanzamt. Gute Nacht, Deutschland.

Gründerfieber oder Gründerschnupfen?

*Wie das Finanzamt mutige
Existenzgründer schikaniert*

Wenn der Wirtschaftsminister sich einen Jungunterneh-mer aus dem Bilderbuch wünschen dürfte, dann müsste er einen wählen wie Wolfgang Richartz oder wie Siegfried Usetius: wagemutig. Voller Ideen. Erfolgreich. Zwei Ossis, die im Westen angekommen sind.

Alles passt an dieser Geschichte. Außer dass der Wirt-schaftsminister mal mit seinem Kollegen eine Tür wei-ter, dem Finanzminister, reden sollte. Und ihn fragen, ob das wirklich Sinn macht: dass der eine Minister sich eine boomende, dynamische Wirtschaft mit mittelständischen Gründern ausmalt. Und der andere das schöne bunte Bild nimmt und es nach allen Regeln der Steuer-Kunst wieder zerschreddert. Nein, das macht natürlich keinen Sinn. Aber es hält eine ganze Bürokratie am Laufen. Der Reihe nach:

Sachsen-Anhalt im Frühjahr 1990. Ein Land ist im Um-bruch. Viele Ostbürger sind verzweifelt und ratlos, weil ihre alten Sicherheiten weggefallen sind. Weil sie ihre Arbeit verlieren, ihren Halt. Bei vielen aber herrscht auch Auf-bruchstimmung. Die beiden Freunde Wolfgang Richartz und Siegfried Usetius sind 17, als die Mauer fällt. Alles scheint jetzt möglich. Zusammen kommen sie auf eine Idee, die ihnen selbst zunächst verrückt erscheint: Dieser alte Stasibunker im Wald – ob man aus dem nicht was machen könnte? Dieses Gelände, um das sie als Kinder neugierig herumgestrichen sind. »Trinkwasserschutzgebiet«, haha, das hatten sie schon damals nicht geglaubt. Inzwischen, ein Jahr nach der Wende, wissen sie: Es war ein Abhörbunker der Stasi. Von hier aus wurden Telefonleitungen angezapft und abgehört.

Der alte Bunker liegt idyllisch. Ein großer Wald drum rum, ein See in der Nähe – die beiden überlegen: Hier müsste man eine Musikkneipe aufziehen. Eine Disko. Konzerte veranstalten! Hier kann man laute Musik spielen, ohne jemanden zu stören, dieses Gelände ist genial!

Mit ihren gerade mal 18 Jahren gehen die beiden die Sache ziemlich professionell an. Richartz, der eigentlich Elektrotechnik studieren wollte, merkt schnell: Man braucht Fachwissen, um so einen Betrieb aufzubauen. Kaufmännische Kenntnisse, Buchhaltung, Kreditwesen. »Eigentlich irre, was wir uns da vorgenommen hatten«, sagt er heute, »ein Jahr zuvor hätte das Studienfach noch Sozialistische Ökonomie geheißen. Jetzt Betriebswirtschaft, das war ja für uns völlig neu.«

Beide Kumpels studieren tagsüber an der Uni und setzen das Gelernte anschließend gleich in die Tat um: Getränke bestellen, Umsatz kalkulieren, Flyer drucken. Und es läuft super. Die Bunker-Disko boomt, die Leute sind begeistert, ist es doch in der Region die »bombensichere Alternative« zum Zuhausesitzen. Eine Musikkneipe mit Live-Programm, Kabarett, kleine feine Gerichte. Zwischen Audimax und Abendkasse verbringen beide damals viel Zeit mit Papierkram. Zum Glück sind sie ordentliche Menschen, aber genervt sind sie schon manchmal: »50 Prozent meiner Zeit habe ich damit zugebracht, nur ja alles richtig zu machen mit dem Finanzamt, dem Gewerbeaufsichtsamt, der GEMA.« Aber so ist das eben als Unternehmer.

Der Laden läuft und wächst, beide Studenten machen ihren Abschluss an der Uni, der eine als Betriebswirt, der andere als Bauingenieur. Der eine gründet neben dem Bunker ein Kulturzentrum in der Stadt, der andere beginnt sich sein eigenes Planungsbüro aufzubauen. Pfiffige Jungs.

Dann kommt im Sommer 2005 ein Brief des Finanzamts: Außenprüfung. »Von da an«, sagt Richartz, »habe ich ein Jahr damit verbracht, mich in die fremde Welt des Finanzamts einzudenken.«

Die beiden haben das Pech, an einen besonders akribischen Steuerprüfer zu geraten. Jung, ehrgeizig, ein scharfer Hund. Schon beim ersten Treffen zieht er eine Strafanzeige aus der Tasche, Verdacht auf Steuerhinterziehung. Das gibt ihm das Recht, alle Belege zu prüfen, und zwar en détail.

Viele dicht bedruckte Seiten flattern den Kneipiers ins Haus. Exceltabellen, anhand derer der Prüfer bis ins Kleinste nachweisen will, dass die Kneipe viel mehr umgesetzt hat, als beim Finanzamt angegeben. Für drei Jahre, behauptet der Prüfer, müssten die beiden Geschäftsführer knapp 100 000 Euro nachbezahlen. »Wissen Sie was?«, sagt Usetius und legt den Schlüssel vom Bunker auf den Tisch: »Dann führen Sie doch den Laden weiter oder wir machen zu! Das können wir nicht bezahlen.«

Nein, nein, beschwichtigt der Prüfer, das sei nun gar nicht im Interesse des Finanzamts. »Wir kamen uns vor wie auf einem orientalischen Bazar«, erinnern sich die beiden, »so nach dem Motto: Wie viel könnt ihr denn bezahlen? Als ob es darum ginge, so viel wie irgend möglich aus uns rauszuholen.«

So hatten sich die beiden Neubundesbürger den Rechtsstaat nicht vorgestellt. Dafür waren sie seinerzeit nach dem Aufruf des Neuen Forums in ihrer Stadt nicht auf die Straße gegangen, dafür hatten sie nicht an diesen Lichterketten teilgenommen und Kerzen angezündet. »Wir haben beschlossen, das lassen wir uns nicht gefallen!« Sie schreiben ans Finanzamt: »Ihre Anschuldigungen weisen wir entschieden zurück!« Sie drohen mit dem Anwalt. Sie sind sich ganz sicher, dass sie im Recht sind.

Was für ein Glück, dass Richartz BWL studiert hat. Er weiß, wie man sich informiert. Kopiert Gesetze, Verordnungen, Urteile des Bundesfinanzhofes. Und martert immer wieder sein Hirn: »Wie tickt bloß dieses Finanzamt?«

Da ist zum Beispiel die Sache mit den Papierservietten. Aus jeder einzelnen Serviette, die auf Einkaufsquittungen des Supermarktes auftaucht, schließt der Prüfer: ein verkauftes Essen. Dass man bei einem Konzert – zum Beispiel einem Open-Air-Konzert – schon mal drei, vier oder gar zehn Papierservietten nimmt und eine umgekippte Cola aufwischt, da war der Prüfer selbst nicht draufgekommen. »Am Ende haben wir ihm das bewiesen«, erinnert sich Richartz, »aber während des Verfahrens dachte ich bei jeder Serviette, die ich in die Hand nahm: wieder ein Essen, das sie dir bei der nächsten Steuerprüfung anrechnen werden.«

Noch ratloser sind die Unternehmer, wie wohl der Steuerprüfer auf einen enormen Mehrumsatz an Bier gekommen ist. Offenbar hat er die Anzahl der Kohlendioxidflaschen genommen und nach einer festen Formel auf die Anzahl der ausgeschenkten Biere umgerechnet. »Dabei weiß doch jeder, dass beim An- und Abklemmen der Flaschen CO_2 entweicht und auch mal ein Schlauch undicht sein kann«, sagt Richartz, »das sieht man dann erst an dem

Eisrand am Boden der Gasflaschen.« Das weiß jeder? Ein Finanzbeamter ist nicht die Kernzielgruppe einer Bunker-Disko. Ein Finanzbeamter hat Formeln und neuerdings ein Computerprogramm, das ihm den Bierumsatz ausrechnet. Eisränder kommen in seiner Welt nicht vor.

Also müssen die beiden Jungunternehmer ihren Getränkelieferanten um eine schriftliche Stellungnahme bitten. Ja, vor allem beim Abklemmen von der Flasche geht CO_2 verloren. Ja, das ist ganz normal. Ja, meine beiden Kunden haben alles richtig gemacht, ja, eine Zapfanlage kann auch mal ein Leck haben.

Peinlich? »Ach was«, winkt Richartz ab, »die meisten unserer Geschäftspartner haben nur müde gelächelt. Finanzamt? Die haben doch eh keine Ahnung.«

Ein Glück, dass man es in einer Musikkneipe mit humorvollen Geschäftspartnern zu tun hat. Zum Beispiel mit einem bundesweit bekannten Comedian. »Der hat sich im Sommer 2006 bei mir gemeldet und sagte: ›Weeßte, wer mich heute angerufen hat?‹« Richartz ahnte, was jetzt kommen würde. »Das Finanzamt! Die wollten wissen, wie viel Kaffee ich 2001 bei euch getrunken habe und was es zu essen gab. Dabei weiß ich noch nicht mal, was ich bei meinem Auftritt letzte Woche gegessen und getrunken habe!«

In den Punkt »Bewirtung der Künstler« hat der Steuerprüfer nämlich besonders viel Hirnschmalz investiert. Wer in einer Kneipe oder Kleinkunstbühne auftritt, bekommt Getränke und Essen umsonst – logo. Steht sogar im Künstlervertrag. Aber so ein Künstler braucht ja wohl nicht sooo viel, mag sich der Steuerprüfer gedacht haben, so ein Künstler lebt mehr von frischer Luft und Inspiration. Jedenfalls findet er, für ein Jahr müssten 3,2 Kilo Kaffee vollkommen reichen. »Bei 161 Künstlern!«, regt sich Richartz noch heute auf. »Die haben schließlich Techniker dabei, Beleuchter,

Monteure! Und für die sollen sieben Päckchen Kaffee im Jahr reichen?«

Also wieder: Exceltabellen. Alle Künstler, jede Tasse Kaffee auflisten. Für das Halloweenfest, für das Frühlingsfest, für die Mensaparty. Sogar eine Grafik hat der studierte Betriebswirt erstellt, mit Tortendiagrammen und Balken. In roter Farbe: Vorwurf des Finanzamtes. In grüner Farbe: eigene Rechnung. Auch in diesem Punkt hat er am Ende in vollem Umfang recht bekommen.

Aber welch absurder Aufwand! Man stelle sich vor: junge Männer im besten Gründeralter – was die anfangen könnten mit ihrer Kreativität: neue Künstler suchen, die Wände bunt anmalen, exotische Gerichte kochen. Stattdessen verbringen sie ihre Abende, oft Nächte damit, sich in die Fantasie eines Finanzbeamten hineinzuversetzen. Und zum Beispiel – dies ist kein Witz – auf einer Briefwaage losen Yogitee aus der Tüte abzuwiegen.

Yogitee? Wie kommt ein sachsen-anhaltinischer Finanzbeamter auf das Thema Yogitee? Der Weg ist in der Tat weit. Bis in die 70er-Jahre hinein kannte auch im Westen kein Mensch diese indische Mischung aus Zimt, Ingwer, Kardamom, schwarzem Pfeffer und Nelken. Fünf Gewürze, die dem Geist helfen, »wenn er körperlich und geistig überhitzt ist«, wie die Hersteller des weihnachtlich schmeckenden Tees auf ihrer Homepage schreiben.

Über Oregon und Hamburg ist der Ayurveda-Tee in den 80er-Jahren in ganz Deutschland in der Studentenszene angekommen. Und über die Studentenkneipe im Jahr 2006 auch beim Steuerprüfer. Hätte der mal besser eine Tasse Yogitee getrunken, vielleicht hätte es seinen Geist abgekühlt. Aber beim Yogitee macht er es offenbar wie bei den CO_2-Flaschen: Er nimmt den Richtwert für Tee, den seine Steuerliteratur angibt – 1,5 Gramm ergeben eine Tasse – und errechnet daraus eine sagenhafte Yogitee-Menge von mehr als 50 Litern am Abend. »Da hätte jeder Gast einen ganzen Liter Tee trinken müssen – das ist mehr als unser durchschnittlicher Bierumsatz!«, fassen sich die Gastwirte an den Kopf. Um die Vorwürfe zu widerlegen, bleibt nichts anderes, als abends Pfefferminztee abzuwiegen im Vergleich zu Yogitee. »Zur Zeit der Segelschiffe«, schwadroniert der Yogitee-Hersteller auf seiner Homepage, »wurden die fünf Gewürze mit Gold aufgewogen.« Tja, und zur Zeit der Exceltabellen werden die fünf Gewürze eben mit Euros aufgewogen.

Auch diesen Vorwurf können die Kneipiers entkräften, so wie fast alle Vorwürfe nach und nach wie ein Kartenhaus in sich zusammenfallen. Von 100 000 Euro Nachzahlung, die im ersten Brief des Finanzamtes gefordert wurden für die Jahre 2001 bis 2003, bleiben gerade mal 1 500 Euro übrig, ein paar harmlose Fehlbuchungen, die in jedem Betrieb passieren können. Das Strafverfahren wird eingestellt.

Aber welch eine unsinnige Zeitvergeudung! Welche Rufschädigung! »Ich wurde die ganze Zeit behandelt wie ein Verbrecher«, klagt Richartz, »immer gab es diesen Generalverdacht, dass wir Steuern hinterzogen hätten.«

Dabei ist er doch ein Muster-Staatsbürger. »Ich will meinen Glauben an diesen Rechtsstaat nicht verlieren«, sagt er, »aber ich kann nicht verstehen, dass derselbe Staat, der seine Bürger zur Existenzgründung ermutigt, einen dann so schikaniert, dass jegliche Lust und Kreativität auf der Strecke bleiben.«

Eigentlich wollte er den Steuerprüfer verklagen, dann beschloss er, dass genug Zeit und Nerven in dieses Thema geflossen sind, deshalb ist hier auch sein Name geändert, der Rest stimmt und ist ordentlich in Aktenordnern abgeheftet. Ein Kapitel deutsche Steuerwirklichkeit.

Andere Wirte, solche, die nicht zufällig ein BWL-Studium absolviert haben – »die hätten aufgegeben«, da ist Richartz sich sicher. Manchmal überlegt er, denen zu helfen, jetzt kennt er sich ja aus. So clever, wie er ist, würde er daraus glatt eine seriöse Geschäftsidee machen: Hilfe, das Finanzamt kommt.

Um Richartz muss man sich keine Sorgen machen. Der hat – in einer Zeit, in der jeder zweite Ostbürger in seinem Alter die Heimat verlassen hat – in seiner Stadt zwei Kulturzentren aufgezogen. Richartz ist ein Macher, und ein ehrlicher dazu. Sorgen machen muss man sich hingegen um einen Staat, der seine Existenzgründer eigentlich unterstützen sollte. Der sie aber so quält, dass sie fast die Lust verlieren am Gründen. Und die Lust an diesem Staat.

Die Lohnsteuerzahler sind die Doofen!

Warum Angestellte sich manchmal als die Deppen der Nation fühlen

Renate L. ist fest angestellte Tontechnikerin bei einer öffentlich-rechtlichen Rundfunkanstalt. Steuern zahlt sie reichlich, die werden – wie bei jedem Angestellten – direkt vom Gehalt abgezogen. Deshalb nennt man die Lohnsteuer auch eine »Quellensteuer«, weil sie direkt an der Quelle abgezapft wird.

Manchmal ist Renate ziemlich sauer. Und zwar immer dann, wenn sie ihre beiden besten Freundinnen von früher trifft. Die eine besitzt einen Plattenladen, die andere betreibt einen T-Shirt-Handel im Internet. Die Freundin mit dem Plattenladen verdient ungefähr gleich viel wie Renate. »Aber die setzt ihr Auto, ihr iPhone und ihre Stereoanlage von der Steuer ab«, schimpft Renate, die natürlich ebenfalls ein Auto besitzt, ein teures Handy und diese neue schwarze HiFi-Anlage für 1000 Euro, über die man genauso gut fernsehen kann wie Musik hören. So was braucht man inzwischen als Musikfreak. Bloß ist das bei der angestellten Tontechnikerin Renate Privatvergnügen, bei der selbständigen Kollegin hingegen erkennt das Finanzamt die Kosten als Betriebsausgaben an. Schön doof, wer Lohnsteuer zahlt.

Noch ärgerlicher ist Renate allerdings auf ihre Freundin Silke. Die kriegt offiziell Hartz IV, der Internethandel läuft über ihren Freund. »Manchmal denke ich«, seufzt Renate, »dass ich Schaf die halbe Gesellschaft mitfinanziere. Die Selbstständigen, die sich armrechnen. Und die Armen, die den Staat bescheißen. Aber wer ist der Staat? Wir Lohnsteuerzahler.«

Zumindest mit der letzten Behauptung hat sie recht. Die Lohnsteuer ist einer der dicksten Brocken im gesamten Haushalt. Auf den Seiten der Bundeszentrale für politische Bildung kann man sich genau angucken, wie der Milliardenkuchen aufgeteilt ist, das Steueraufkommen der Deutschen. Die Lohnsteuer und die Umsatzsteuer sind mit jeweils rund einem Viertel die größten Stücke der fetten Torte. Daneben nehmen sich Tabaksteuern (2,7 Prozent) oder die viel gescholtenen Energiesteuern (7,2 Prozent) geradezu wie Diätschnitten aus.

Klar, auch dem Lohnsteuerzahler erstattet der Fiskus Geld zurück. Aber es sind gerade mal 600 bis 800 Euro im Durchschnitt, schätzt Hermann-Josef Tenhagen von der Zeitschrift ›Finanztest‹. Und um die zu kriegen, muss der Angestellte schön fleißig sein, Belege sammeln, die Kilometer auf dem Weg zur Arbeit nachzählen und gucken, ob er per Auto mit einem kleinen Umweg über den Autobahnring doch 51,83 Euro mehr rausbekommen könnte als mit dem Monatsticket der S-Bahn. Nervig, aufwendig, zeitraubend. »Eigentlich ist das ein Unding«, sagt Tenhagen, »dass ich als Steuerzahler erst mal Arbeit reinstecken muss, um Geld zu kriegen, das mir zusteht.« Oder einen Steuerberater beauftragen, der auch wieder Geld kostet.

Tenhagen, der jedes Jahr ein leicht verständliches ›Spezialheft Steuern‹ herausgibt, kennt durchaus Lohnsteuerzahler, die mehr »rausholen« als die 600 bis 800 Euro im Schnitt. Das sind Menschen, die er als »souveräne Bürger« bezeichnen würde: Die bei ihrem Finanzbeamten anrufen und diskutieren, ob sie ihr Privathandy nicht wenigstens zu 40 Prozent absetzen können. Ob sie vielleicht mal zwei Monate alles aufschreiben sollen und einen Einzelverbindungsnachweis bei der Telekom beantragen. Die, wie man neudeutsch sagt, »auf Augenhöhe« mit der Steuerverwaltung diskutieren. Gern auch mal persönlich beim Finanzamt vorsprechen, vielleicht über Jahre hinweg denselben Sachbearbeiter besuchen. Und immer auf dem Laufenden sind, welche Verfahren gerade vor dem Bundesfinanzhof anhängig sind – da macht der souveräne Bürger einen »Vorläufigkeitsvermerk«. Und wenn später der Kläger vor dem höchsten Gericht gewinnt, zum Beispiel beim Thema Elterngeld oder Solaranlage, dann erhält der souveräne Bürger gleich ein paar Euros mehr zurück vom Staat. Weil er ja bienenfleißig die wichtigsten Vermerke in seine Steuererklärung gemalt hat.

Ja klar, dieser souveräne Bürger geistert durch allerlei Träume von Politikern. Der mündige Bürger kapiert mit Mitte dreißig, dass es mit der gesetzlichen Rente nicht gut aussieht. Er schließt einen Riester-Vertrag ab, beantragt am Jahresende die Zulage und vergisst auch nicht, etwaige Änderungen der Einkommenssituation seinem Riester-Anbieter mitzuteilen. Dieser Bürger vergleicht ständig die Handytarife, verlässt die Krankenkasse, die jetzt einen Zusatzbeitrag erheben will, und behält stets den Überblick, bei welchem Arzt er in diesem Quartal schon zehn Euro Praxisgebühr hinterlassen hat. Mit diesem Arzt diskutiert er auch, nach eingehender Befragung von Internet und Ratgeberliteratur, welche neue Behandlungsmethode für seine Zahnwurzelentzündung die beste wäre. Und handelt selbstbewusst aus, ob der Arzt für das Einsetzen des Implantats den 1,8- oder der 2,7-fachen Satz abrechnet. So weit die Theorie vom »mündigen Bürger«.

Das wirkliche pralle Leben sieht ganz anders aus. Da ziehen manche so oft um, dass sie nicht mal ihren Gemeindepfarrer und ihre Sparkassen-Sachbearbeiterin kennen, geschweige denn ihren Finanzbeamten. Beim Handytarif ist man ganz sicher, dass man übers Ohr gehauen wird – aber wo war noch mal der Vertrag mit den Kündigungsfristen? Die zehn Euro Rezeptgebühr bezahlt man oft drei Mal, weil man keine Zeit hat, immer wieder quer durch die Stadt zu fahren, um beim Hausarzt zwischen acht und 17.30 eine Überweisung abzuholen, Mittwoch nachmittags geschlossen. Im wahren Leben möchten wir gern ein mündiger Bürger sein, aber das verschieben wir auf später, wenn das Leben nicht mehr so kompliziert ist.

Später? Schlechtes Thema. Viele Lohnsteuerzahler, die in den letzten fünf Jahren in Rente gingen, machen erst jetzt Bekanntschaft mit dem Finanzamt. Wer ein Leben lang fest angestellt war – oder Ehefrau eines Angestellten war –, musste sich nie mit den Raffinessen des deutschen Steuersystems befassen. Erst seit 2005 müssen die meisten Rentner eine Steuererklärung abgeben – was viele überfordert. Das wiederum weiß man seit Herbst 2009, seither nämlich vergleichen die Finanzämter ihre Daten mit den Rentenversicherungsträgern. Und siehe da: Jeder fünfte Rentner hatte das komplizierte Formular falsch ausgefüllt. Die eine Hälfte hatte, wahrscheinlich unfreiwillig, den Staat beschissen, die andere sich selbst.

Wie kann das sein? Wer ein Leben lang fest angestellt war, für den hat der Arbeitgeber automatisch die Lohndaten ans Finanzamt geschickt. Hatte er keine großen Reichtümer auf der Bank, lagen sie unter dem früher recht hohen

Freibetrag. War die Frau ein Leben lang Hausfrau, hatte man ohnehin einen günstigen Steuersatz. Und mit solchen Reizthemen wie Pendlerpauschale mussten sich viele ältere Menschen gar nicht erst beschäftigen, da sie am selben Ort wohnten, wie sie arbeiteten. Kein Grund, eine Steuererklärung zu machen. Jetzt soll er oder sie mit 65 zum ersten Mal seinen Steuerfreibetrag ausrechnen. Wie bitte geht das, und zählt eine Unfallrente auch als Rente? Kein Wunder, dass so viele Fehler passieren.

Wobei die Fehlerquote irgendwann wohl sinken wird. Spätestens 2040 wird eine Generation in Rente gehen, die ihr ganzes Leben mit dem Finanzamt verbracht hat und weiterhin verbringt. Dann nämlich wird jede Rente zu 100 Prozent versteuert. Na, so kommt wenigstens keiner aus der Übung.

Aber bis dahin – was tun? »Das Steuersystem radikal vereinfachen«, rät Tenhagen. Eine feste Pauschale von der Lohnsteuer abziehen, ohne Belege, ohne Formulare. »Und wer mehr will, muss sich halt richtig Arbeit machen.« Klingt logisch. Noch logischer wäre allerdings, wenn das Finanzamt gleich weniger abziehen würde vom Lohn. Aber das ist offenbar zu viel verlangt.

Außerdem rät er: ganz wenig Arbeit denen machen, die sich so verhalten, wie der Staat sich das wünscht. Ehrenamtliche zum Beispiel, die viel zitierte »Bürgergesellschaft«. Rentner, die den Rasen im Fußballverein mähen oder die Buchhaltung im Judoclub machen. Die müssen heute mühsam Quittungen so fingieren, dass sie vom Finanzamt anerkannt werden. Übungsstunde Koronarsport – geht durch beim Finanzamt. Rasenmähen auf dem Fußballfeld? Geht nicht durch. Was für ein Blödsinn. Vereinfachen! Großzügig sein! Das wär schon eine gute Steuerreform für Lohnsteuerzahler.

Tontechnikerin L. will so lange nicht warten. Sie hat, auf Anraten eines Freundes, ein einfaches Verfahren gefunden, wenigstens ein paar Euro mehr zurückzubekommen. Sie schreibt einfach nach jedem Lohnsteuerbescheid einen formalen Einspruch. Dann muss alles noch mal geprüft werden. »Und bis jetzt habe ich jedes Mal 100 Euro wiedergekriegt. Ohne einen Finger krummzumachen.« Eine Stereoanlage kann sie sich davon nicht kaufen. Aber ein paar neue CDs.

Sind wir nicht alle ein bisschen rosa?

Wie ein Wirtschaftslehrer vergeblich versuchte, seine Wirtschaftszeitung abzusetzen

Es gibt schlechte Lehrer und gute Lehrer. Schlechte Lehrer kennen wir alle. Das sind die mit dem abgegriffenen Ringbuch, in dem sie die hektografierten Arbeitsblätter von 1985 abgelegt haben. Schlechte Lehrer haben manchmal noch Testbögen, in denen Mark statt Euro steht. Schlechte Lehrer sagen ihren Schülern, sie dürften ihr Referat auch auf Diskette abgeben. Diskette! Die Schüler finden das zum Brüllen. Solche Lehrer sind von gestern, stehengeblieben, haben keinen Bock mehr. Davon gibt es viele.

Und es gibt gute Lehrer. Die überlegen jeden Tag neu: Wie kann ich meinen Unterricht spannend gestalten? Die verweisen nicht nur auf zerlesene Bücher in der Schulbücherei, sondern auch auf Internetlinks. Die schneiden aktuelle Nachrichten und Gerichtsurteile aus der Zeitung aus, um mit den Schülern jeden Tag neu zu diskutieren: Wie läuft die Welt, wie wird sie morgen laufen?

Christian K. ist ein guter Lehrer. Muss er auch sein, er unterrichtet an einer Berufsschule, und da ist es gar nicht so leicht, die Schüler zu motivieren. Sie sind ja nicht freiwillig hier, sondern aufgrund des dualen Berufsausbildungssystems in Deutschland. Das heißt: Manche stehen schon mit 17 in der Backstube oder im Friseursalon, arbeiten hart für wenig Geld. Wenn sie in die Berufsschule kommen, sind sie oft müde – und wenn sie dann auf einen schlechten Lehrer treffen, auf den mit dem alten Ringbuch, geht gar nichts mehr.

Christian K. hat kein altes Ringbuch, sondern zwei Hängeregistersysteme, in die er jeden Tag Fundstücke aus der Zeitungslektüre einsortiert. Kleine witzige Meldungen, auch mal einen Cartoon. Jahrelang schneidet er die Artikel aus seiner Lokalzeitung aus, den ›Stuttgarter Nachrichten‹. Einmal sieht er die Werbung für ein Probeabonnement der ›Financial Times Deutschland‹ (›FTD‹), vier Wochen für 16,75 Euro und eine Armbanduhr dazu. Und siehe da – die Zeitung mit dem lachsfarbenen Papier lässt sich richtig gut verwerten für seinen Unterricht. Medien und Informationstechnologie, Industrie, Weltwirtschaft – alles gute Themen für seine Schulfächer »Allgemeine Wirtschaftslehre« und »Spezielle Wirtschaftslehre«.

Die ›Financial Times‹ allerdings ist teuer. Wir schreiben das Jahr 2005, damals kostete ein Jahresabo 378 Euro. Christian K. bestellt sie ab Juni 2005, die Ausgaben dafür setzt er bei der Steuererklärung als Werbungskosten ab. Denn er hat die Zeitung ja nur für den Unterricht abonniert.

Als der Steuerbescheid kommt, sind die Abokosten abgelehnt, Christian K. wird an die Rechtsbehelfsstelle verwiesen. Im August 2007 ruft seine Sachbearbeiterin vom Finanzamt Stuttgart an: Was das denn für eine Zeitung sei, diese ›Financial Times‹ – dieses rosarote Blatt? Das sehe sie manchmal morgens in der S-Bahn, sie könne sich nicht vorstellen, dass alle Pendler das aus beruflichen Gründen lesen würden. Zu den anderen Lesern, erwidert Christian K., könne er nichts sagen, er jedenfalls habe privat die ›Stuttgarter Nachrichten‹ abonniert. Da lese er alles über seinen Verein, den VfB Stuttgart. Über seine Stadt. Über das Wetter des nächsten Tages. Die ›FTD‹ hingegen lese er nur, um Wirtschaftsartikel für die Schule auszuschneiden.

Christian K. erhebt Einspruch gegen den Steuerbescheid, es kommt zum Prozess. Christian K. schleppt seine gesamten Hängeregistraturen mit in den Gerichtssaal. Bei jedem einzelnen Schnipsel kann er sagen, wofür er ihn verwendet hat. Dieses Arbeitsblatt zum Thema Lagerwesen zum Beispiel: Da musste laut Lehrplan den Schülern der Klasse »Groß- und Außenhändler« erklärt werden, wie ein »Supply-Chain-Management« funktioniert. Ging prima, weil die ›Financial Times‹ eine ganze Beilage gemacht hatte, in der dieses Supply-Chain-Management am Beispiel der Zahnradfabrik Friedrichshafen dargelegt wurde.

Oder jener Bericht aus der ›FTD‹ über ein Arbeitsgerichtsurteil: Kündigung wegen Sächselns. Den hat er in »Allgemeiner Wirtschaftslehre« einen Schüler aus Dresden vorlesen lassen. War ein Brüller. Findet der Richter auch, aber so richtig hat der Richter das alles noch nicht verstanden. Dabei hat er sich mit den neuen Medien auseinandergesetzt. »Ich habe mir erst vor zwei Wochen von einem Referendar zeigen lassen, wie man die Trefferliste bei Google eingrenzt«, sagt er entschuldigend. Und leider hat ihm die Rechtsbehelfsstelle nur einen Wikipedia-Ausdruck der englischen ›Financial Times‹ geschickt. Alter Richter trifft jungen Lehrer, Aktenzeichen trifft Leben.

Schon jetzt könnte man ein paar Fragen stellen. Wie eigentlich ein Finanzrichter und eine Finanzbeamtin so unbedarft sein können? Müssten die nicht zu ihrer eigenen Fortbildung die führenden Wirtschaftsblätter lesen?

Im Gerichtssaal wird es dann richtig komisch. Um zu beweisen, dass die Mehrzahl der Artikel wirklich beruflich genutzt wurde, schlägt der Richter vor, fünf Schüler aus dem Jahrgang 2005 vorzuladen und zu befragen. »2005? Die sind doch jetzt längst im Berufsleben, die wissen mit Glück noch, wie ich aussehe, aber nicht, welche Artikel sie im Unterricht gelesen haben«, echauffiert sich der Lehrer. Selbst wenn sie sich an einzelne Themen erinnern sollten – dann doch bestimmt nicht an die Quelle. Denn inzwischen schreibt man das Jahr 2009. Und der Lehrer regt sich jetzt so auf, dass sein Anwalt ihn vor die Tür bittet.

Was tun? Klein beigeben? Hätte er bloß nicht angefangen zu klagen, sagt Christian K., wegen 378 Euro Streitwert! So viel Stress. Aber jetzt will er es wissen. Die Verhandlung wird vertagt, der Lehrer soll neue Beweise bringen. Die Schüler vorladen lassen – das will er unbedingt vermeiden.

Aber wie? Die Vertreterin des Finanzamts hat eine Idee: Sie kennt ein Urteil, wonach ein Lehrer nachweisen muss, dass er einen Videorecorder mindestens fünf Stunden pro Woche beruflich nutzt. Arme Schüler, die so einen Lehrer haben: der genau auf die Uhr schaut, ob seine Videokassetten in der Schule auch lang genug abgeleiert werden. »Mein Unterricht ist nicht so roboterhaft«, wehrt sich Christian K. Und wenn es nach Stoppuhr ginge – dann müsste er seine Gags, zum Beispiel den mit dem sächselnden Schüler, wohl einfach oft genug wiederholen während der Woche. Wär ja auch blöd für die Schüler, die angeblich unser aller Zukunft sind. Aber wäre perfekt für den Fiskus.

Deshalb sucht er nach einer anderen Methode, um zu beweisen, dass er privat die ›Stuttgarter Nachrichten‹ liest, beruflich die ›FTD‹. Und dass maximal 15 Prozent der ›FTD‹-Lektüre Privatvergnügen sind. 15 Prozent – da ist beim Finanzamt oft die Schallgrenze. 15 Prozent Privatnutzung, das kennt Christian K. von seiner Steuererklärung, sind beim Pkw okay und auch beim Handy. Also – warum nicht auch bei der Zeitung?

Es beginnt eine ziemlich lange Download-Arie: Der Lehrer besorgt sich tatsächlich alle Artikel der ›Stuttgarter Nachrichten‹ aus einer bestimmten Kalenderwoche im Jahr 2005. Dazu sämtliche Artikel aus der ›Financial Times‹. Da er ein moderner Lehrer ist, kann er ganz gut mit Microsoft Office umgehen – jedenfalls wählt er jetzt drei verschiedene Farben aus, um die Artikel in drei Kategorien zu fassen: Grün markierte Artikel aus der ›FTD‹ sind rein wirtschaftlich, also glasklar steuerlich absetzbar. Gelb markiert werden Artikel zu anderen Themen, die aber gleichzeitig in den ›Stuttgarter Nachrichten‹ erschienen sind. Rot markiert wird der Rest – den könnte er theoretisch privat nutzen. Aus purem Vergnügen! Man stelle sich das vor!

Klingt ziemlich wahnsinnig, ist in sich aber schlüssig. Man nehme den 1. September 2005. Da gibt es in der ›Financial Times‹ 130 Beiträge. Der Lehrer hat sie alle aufgelistet – die meisten sind grün markiert, um genau zu sein: 91. »France Telecom gibt Aktien aus« oder »Zigarettenhersteller Altadis muss Gitanes-Werk schließen«. Eindeutig Wirtschaft.

Dann folgt in der Aufstellung des Lehrers der gelbe Bereich: Artikel über Gott und die Welt. Die könnte Christian K. theoretisch aus reinem Vergnügen lesen. Tut er aber nicht, weil er sie ja schon in den ›Stuttgarter Nachrichten‹ gelesen hat. Es sind meistens dpa-Nachrichten. »1000 Tote bei Massenpanik in Bagdad« oder »Sex auf dem Friedhof«.

Nun kommt der – steuerlich relevante – rote Bereich: Artikel, die nix mit Wirtschaft zu tun haben. Aber auch nicht in den ›Stuttgarter Nachrichten‹ vorkommen. Ha, genau um die geht es den Richtern! Private Nutzung. Es sind so spannende Themen wie »Jusos stellen sich auf Generationswechsel ein« und »Reich-Ranicki kraftlos«. Es sind nur 17 Artikel, macht in Prozenten: 13 Prozent dieser Ausgabe.

Nicht nur Reich-Ranicki, auch Lehrer K. ist jetzt ein bisschen kraftlos. Was für ein Aufwand! Wie sinnvoll hätte er diese Zeit für seine Schüler nutzen können!

Die nächste Verhandlung steht noch aus, Ende offen. Als Lehrer, sagt er, habe er sich an den täglichen Wahnsinn gewöhnt. Aber ein bisschen Sorgen macht man sich jetzt schon: Wenn die bei den Finanzgerichten so viel Zeit darauf verwenden, kleine rosa Zeitungsschnipsel zu kontrollieren und gelbe, grüne und blaue Balken zu zählen – hui, hoffentlich haben die dann noch Zeit, die richtig dicken Fische juristisch zu verfolgen. Damit kämen sie übrigens auf die Titelseite der ›Financial Times‹. Aber die lesen sie ja nicht, die Richter.

Lang, lang ist´s her

Warum Steuerpflichtige ein
Elefantengedächtnis brauchen

Ist es Ihnen schon mal passiert, dass Sie mit jemandem über die Urlaubsplanung fürs kommende Jahr sprechen wollten, aber der guckte nur abwesend? Es könnte sich um das Opfer einer Steuerprüfung handeln. Solche Opfer sagen dann Sätze wie »Sorry, ich bin innerlich gerade bei 1997«. Solche Opfer rufen einen gern auch abends oder am Wochenende an und bohren im gemeinsamen Langzeitgedächtnis: »Sag mal, Karneval 98 – da waren wir danach doch bei dieser Fortbildung und du warst total vergrippt. Hast du noch eine Benzinquittung?«

Natürlich ist das total absurd. Großbetriebe mit eigenen Finanzbuchhaltungen – die haben vielleicht eine Ablage, die weit ins letzte Jahrhundert zurückreicht. Aber auch nur, wenn nicht zwischendurch der EDV-Anbieter gewechselt hat oder die ganze Buchhaltung outgesourct wurde. Für Kleinunternehmer, für freie Autorinnen, Künstler, Boutiquenbesitzerinnen sind schon fünf Jahre eine lange Zeit.

Im Strudel von internationalen Wirtschaftskrisen, von Private-Equity-Heuschrecken und Fusionitis werden die

Zyklen immer kürzer, in denen Menschen arbeiten und Firmen existieren. Moderne Arbeitnehmer – und vor allem moderne Arbeitnehmerinnen – erfinden sich gern alle paar Jahre neu, basteln an einer Existenz als Yogalehrerin, lassen sich dann bei der Volkshochschule anstellen, bekommen schließlich ein Kind und nehmen einen Teilzeitjob im Kindergarten an. Zehn Jahre – das ist für viele moderne Menschen eine sehr sehr lange Zeit.

Nur das Finanzamt stellt sich das offenbar immer noch so vor: Der Mensch sitzt Jahr für Jahr am selben Arbeitsplatz, am besten auch am selben Ort, zwischen neun und 17 Uhr. Und am allerbesten wäre es, an diesem Arbeitsplatz gäbe es einen Buchhalter vom alten Schlag, mit Ärmelschoner und Rechenmaschine und einer Hängeregistratur, in der alle Belege der letzten Jahrzehnte aufbewahrt werden, von A bis Z.

Dieses anrührende Stück Deutschland aus längst vergangenen Tagen steckt offenbar hinter der Forderung, man müsse seine Belege zehn Jahre aufheben. Jeder Steuerpflichtige in Deutschland – sofern er jemals freiberuflich gearbeitet hat – weiß das natürlich: zehn Jahre aufbewahren! Das steht immer in dem Schreiben des Steuerberaters, wenn man – uff! – wieder mal ein Jahr geschafft hat. Wenn das Finanzamt den Steuerbescheid geschickt hat, wenn der Steuerberater seinen Job erledigt hat. Und froh ist, dass er eine Schuhkiste voller Belege an seinen Klienten zurückgeben kann. Raus mit dem Krempel, auch Steuerberater haben nur begrenzt Platz im Keller. Aber was das im Ernstfall heißt – zehn Jahre! Das wird einem erst klar, wenn selbiger eintritt. Wenn das Finanzamt tatsächlich alles noch mal sehen will. Je nachdem, wann man seine letzte Steuererklärung gemacht hat, muss man im schlimmsten Fall zwölf, 13 Jahre rückwärts Vergangenheitsbewältigung betreiben.

Normalerweise macht man seine Steuererklärung im Folgejahr. Und die Prüfung wiederum darf rückwirkend für zehn Jahre erfolgen. Nehmen wir an, man bekommt im Mai 2011 eine Betriebsprüfung. Weil man leider die Erklärung für 2010 noch nicht fertig hat, werden erst mal die drei Jahre 2007, 2008 und 2009 geprüft. Ach, wie doof, da sind wirklich Fehler drin? Dann geht es gleich noch mal drei Jahre zurück. Und so weiter. Im schlimmsten Fall sitzt man also im Jahr 2011 mit dem Kalender von 1999 da. Sofern man den noch hat.

Bei uns lief es so: Im Sommer 2008 begann eine Betriebsprüfung für die Jahre 2003 bis 2006. Nachdem die Prüferin Spaß daran gefunden hatte, dehnte sie den Zeitraum aus bis 1996. Die Prüfung zog sich ein Jahr lang hin, im Klartext: Meine Familie war im Sommer 2009 damit beschäftigt, wie wohl das Jahr 1996 sich gestaltet hatte. 1996! Es fiel mir echt schwer, dieses Jahr zu rekonstruieren. 1996 war noch keines meiner Kinder geboren. 1996 war ich fest angestellt bei der ›Woche‹, die längst pleite ist. 1996 bin ich eine Ehe eingegangen, die mittlerweile geschieden ist. Wo habe ich überhaupt gewohnt, welche Artikel habe ich zusätzlich geschrieben, wo hatte ich noch mal mein Geld gespart, mit dem ich später eine Familie gründen wollte? 1996, das schien mir so weit weg, dass mir völlig schleierhaft war, wie ich mir das alles 13 Jahre später wieder ins Gedächtnis rufen sollte.

Nun, wir sind ja Medienleute und haben versucht, die Sache professionell anzugehen. Wie rekonstruiert man das Jahr 1996? Man kann Guido Knopp engagieren – zu teuer. Man kann die Kulissen von 1996 aufbauen, ähnlich wie das die Fernsehleute vom Südwestrundfunk gemacht haben, als sie versuchten mit den Pfahlbauten am Bodensee die Steinzeit nachzuspielen. Auch zu aufwendig. Aber die

Richtung schien uns schon clever, zumindest einen Teil des Krempels von 1996 hervorzuholen, in der Hoffnung, das Lebensgefühl aus jenem Jahr möge sich wieder entfalten. Bei Werbeagenturen machen sie das: Sie bauen ein deutsches Durchschnittswohnzimmer auf, setzen sich da aufs Sofa und warten, was ihnen so einfällt.

So ähnlich sind wir also auch vorgegangen. Mein Glück im Unglück war, dass ich ziemlich unordentlich bin – das hat den Nachteil, dass auch meine Steuerquittungen in schlechter Ordnung waren. Aber es hat den Vorteil, dass in meinem Keller sehr viel alter Krempel liegt. Nie aufgeräumt, nie weggeworfen. Heißa, dann bauen wir halt im Jahr 2009 das Steinzeitdorf 1996 auf.

Also holen wir meinen allerersten Computer aus dem Keller, den schönen rundlichen Apple iMac mit den flaschengrünen Flanken. Meine Kinder johlen vor Begeisterung, boah, der hat ja noch nicht mal ein DVD-Laufwerk. Wahnsinn! Aber er hat immerhin die eine oder andere Reisekostenabrechnung aus dem Jahr 1997, die die Steuerprüferin jetzt, im Jahr 2009, sehen will. Warum der Steuerberater damals, im Jahr 1997, diese Abrechnung nicht eingereicht hat? Keine Ahnung, der alte Steuerberater ist längst im Ruhestand, man kann ihn nicht fragen.

Nächste Maßnahme: Wir laden Freunde aus dem Jahr 1996 ein. Die kommen gern, staunen erst mal über das Technikmuseum – ui, der alte iMac, hast du auch noch eine mechanische Schreibmaschine? – und helfen dann dem Gedächtnis auf die Sprünge. Mittlerweile hatte die Steuerprüferin alle meine Kontoauszüge von 1996 bis 2006 einkassiert und hinter jedes »plus« ein Fragezeichen gemacht. Zum Beispiel hinter jenen Zahlungseingang aus dem November 1996 über 3000 Mark. Wenn ich den nicht aufkläre, sagt die Prüferin, muss ich ihn als Einnahme versteuern. Also laden wir die Journalistenkollegen aus der Bürogemeinschaft von 1996 ein, zumindest die drei, von denen wir noch die Adressen rausfinden. Es wird ein lustiger Abend, es wird viel getrunken, schade, dass man die Quittungen aus dem Weinhaus Süd nicht von der Steuer absetzen kann. Es ist aber auch viel passiert in den 13 Jahren, Markus hat inzwischen ein Kind bekommen, Lothar ist Karnevalsreporter beim Rosenmontagszug geworden und Bettina ist ganz aus dem Journalismus ausgestiegen. Sie ist die Einzige, die außer Schreiben noch was Richtiges gelernt hat, sie ist jetzt Lehrerin. Immer schon war sie die Ordentlichste von uns allen. Sie hat Fotos von den Bürofesten dabei. Das Gejohle ist groß. Mensch, hattest du da lange Haare! Und wir haben noch geraucht im Büro, undenkbar heute!

Zum Glück hat Bettina nicht nur alte Fotos mitgebracht, nein, noch besser: Sie hat alle alten Leitzordner über unsere gemeinsamen Bürojahre in ihrem Keller entdeckt. Und siehe da, nach der dritten Flasche Barolo und dem siebten Aktenordner finden wir des Rätsels Lösung: Die 3000 Mark hatte ich für unsere Bürogemeinschaft ausgelegt, Kaution an den Vermieter. Und dann erhielt ich das Geld aus der Bürokasse zurück. Wäre ich nie mehr draufgekommen.

Aber an einigen Details aus diesem Jahr scheitern auch die lieben Kollegen aus dem ehemaligen Pressebüro: Warum in einem Monat so viel mehr Klopapier verbraucht worden ist, ob der Kaffeeverbrauch echt durch fünf ging oder ob vielmehr Markus, den wir nicht mehr auftreiben können, damals konsequent Darjeeling-Tee trank. Und diese Faxrollen, haben wir die immer für ein Jahr gekauft oder was? Faxrollen! Meine Kinder sind begeistert. Das kennen die gar nicht mehr. Thermopapier! So eine Steuerprüfung ist wirklich eine Reise in die Vergangenheit.

Am Ende bleiben viele Fragen offen. Als unser Journalistenbüro im Jahr 2002 geschlossen hat, habe ich für mein häusliches Arbeitszimmer ein Ikea-Regal gekauft. Von welchem Geld, will die Prüferin wissen. Für den Tag der Ikea-Quittung gibt es keine Abbuchung von der EC-Karte. Auch nicht von der Visakarte, die hat sie natürlich ebenfalls längst gescannt. Und keine Barabhebung vom Konto. Ja, Himmel, vielleicht hatte ich eine Woche vorher 500 Euro abgehoben? Wer weiß? Besser wäre es dann doch, alle Läden würden diese Überwachungskameras aufstellen, deretwegen der Drogerie-Discounter »Ihr Platz« unlängst in die Presse geriet. Jeden Kunden an der Kasse filmen und die Bilder sofort online ans Finanzamt – ehrlich, das hätte mir eine Menge Nerverei erspart.

Wir haben dann während der Betriebsprüfung viele alte Bekannte wieder getroffen. Wer mal Lust hat, alte Freunde zu sehen, muss sich gar nicht erst die Mühe machen, im Internet bei stayfriends.de zu suchen. Diese Aufgabe übernimmt im Falle einer Steuerprüfung sofort das Finanzamt.

Denn so eine Prüfung ist ansteckend wie ein Magen-Darm-Virus. Wer auch immer in den Jahren 1996 bis 2006 Geldbeträge mit mir ausgetauscht hatte, bekam jetzt Post vom Finanzamt. Kontrollmitteilung. Haben Sie wirklich 1997 als Büroaushilfe bei Frau Ott gearbeitet? So traf ich ehemalige Studentinnen wieder, die 1997 für mich in der Bibliothek und im WDR-Archiv recherchiert haben, während ich mein neugeborenes Kind versorgte. Inzwischen sind die Mädels selbst 30, haben eigene Kinder – bei der Gelegenheit erfährt man das – und freuen sich nur bedingt über die Kontaktaufnahme. Post vom Finanzamt: kein schöner Anlass, wieder voneinander zu hören.

Wohl dem, der wie ich ein altmodisches Adressbuch hat und nicht etwa einen Blackberry. Da wären die alten Adressen längst gelöscht. Ich hatte tatsächlich noch alte Telefonnummern, mit Bleistift überkritzelt, aber mit gezieltem Einsatz von Radiergummi leidlich lesbar. Die waren jetzt von höchstem Wert. Zum Beispiel verlangte die Betriebsprüferin einen Grundriss der Wohnung aus dem Jahr 1997, weil ich dort ein häusliches Arbeitszimmer hatte. Tagelang überlegte ich, wie ich diesen Grundriss besorgen könnte, denn in der Wohnung habe ich nur ein Jahr gewohnt, selbst in meinem Chaoskeller lag nur noch der Mietvertrag. Kein Grundriss. Dann fiel mir ein, dass der Wohnungsbesitzer in einem Sportverein Mitglied ist, in dem ich zeitweise Skigymnastik gemacht habe. Ich rief den Verein an, der rief den Vermieter an. Ich hörte mir einige Geschichten von Skiunfällen, gerissenen Bändern und völlig überteuerten Turnhallenmieten in Köln an. Aber, Ski Heil, der Kerl half mir. Er besorgte den Grundriss. Sportsfreunde halten zusammen.

In anderen Fällen scheiterte ich trotz aller Mühe. Im Jahr 2000 hatte ich mein Buch ›Kinder gefährden Ihre Gesundheit‹ der Presse vorgestellt, in einer Kneipe, die mittlerweile pleite war. Jetzt, 2009, fiel der Prüferin ein: Auf dem Verzehrbeleg hätten alle Getränke einzeln aufgelistet sein müssen, per Computer. Ja, hätte das nicht damals der Finanzbeamte schon mal sagen können?

Die Kneipe hat mittlerweile zweimal den Besitzer und den Namen gewechselt, es machte wenig Sinn, dort auf alten Computern zu suchen. Ich weiß sogar, dass die damalige Kneipenbesitzerin ihr Kind im selben Kinderhort hat wie ich. Aber ihre Ehe ist kaputt, die Kneipe futsch. Soll ich sie wirklich mit den Computerbelegen aus dem Jahr 2000 quälen?

Irgendwann verloren wir übrigens den Spaß an der Finanzamt-History-Show. Vorbei ist vorbei, manche Dinge lassen sich nicht aufklären, und dafür mussten wir einen Haufen Geld nachbezahlen.

Aber falls Modemacher oder Möbeldesigner irgendwann den 90er-Jahre-Trend ausrufen: Wir sind gerüstet!

Der Chi-Quadrat-Test

*Was Kollege Computer im Finanzamt
alles anrichtet*

Dimitrios ist ein Kölscher Grieche. Typisch griechisch ist,
dass er ein herzerfrischendes Gottvertrauen hat – ein son-
niges Gemüt, die Sonne des Peloponnes. Typisch kölsch ist,
dass er alle seine Kunden beim Vornamen nennt. Bei uns
em Veedel, das hat er schon von seinem Vater gelernt, da
kennt man sich und hilft man sich. Und wer sein Gyros
heute nicht bezahlen kann, bezahlt es morgen. Hauptsache, man beißt herzhaft und hungrig in das frische Gyros,
schmachtet mit rollenden Augen, »Köstlich, Dimitrios, ef-
charisto!«, und alle sind glücklich. Der Kölner, weil er sein
Ägäis-Griechisch aus dem letzten Kreta-Urlaub zum Besten
geben kann. Und der Grieche, weil es dem Kölner so gut
schmeckt.

Drum kam es Dimitrios schon ein bisschen komisch vor,
als im Sommer 2009 ein Kunde in sein Gyros nicht gleich
reinbiss, sondern es umständlich in Alufolie einpacken
ließ. Überhaupt wunderte sich Dimitrios, dass er den nicht
kannte, er kennt alle seine Kunden. Mit seinem sonnigen
Gemüt hätte er sich allerdings nicht träumen lassen, dass

er den neuen Kunden in den nächsten Monaten besser kennenlernen würde, als ihm recht war.

Denn der Kunde wollte das Gyros gar nicht essen. Der Kunde war Betriebsprüfer vom Finanzamt Köln und kaufte das Gyros als Beweisstück. Leider gibt es keine Zeugen von folgender Szene, aber schon die Vorstellung ist bizarr: Der Steuerprüfer zerlegte – wo wohl? In seiner Amtsstube? – das Gyros in seine steuer-relevanten Bestandteile Schweinenacken, Fladenbrot, Zwiebeln, Tomaten, Gurken und Knoblauchsoße, wog die einzelnen Mengen ab und schlug 30 Gramm drauf für Bratverlust. Daraus ermittelte er den Rohstoffeinsatz.

So weit der handfeste Teil der Steuerprüfung, oder soll man sagen: der stark riechende Teil. Denn was jetzt kommt, ist höhere Mathematik. Geruchsfrei, aber manchmal auch komplett sinnfrei. Seit die EDV in Finanzämter eingezogen ist, hat die Zahl der Verdachtsfälle stark zugenommen. Kurz gesagt: Seit alle Zahlenkolonnen – seien es Umsatzzahlen, Kilomengen an Schweinefleisch oder auch Trinkgelder – durch ein EDV-Programm gejagt werden, wittern sehr viel mehr Finanzbeamte, dass an den Zahlen etwas faul sein könnte. Die Verfahren sind so bizarr wie ausgeklügelt, das umstrittenste ist der »Chi-Quadrat-Test«.

Das Einzige, was Dimitrios in den kommenden Monaten verstand, war übrigens »Chi«. Das ist ein griechischer Buchstabe, genau genommen der 22. im Alphabet. Dass ein deutscher Beamter aber über seine Fleischbude ein hoch mathematisches Verfahren laufen ließ namens »Chi-Quadrat« – das hat er bis heute nicht kapiert.

Chi-Quadrat? Schon mal gehört im Matheunterricht? Wer in der Oberstufe oder im Grundstudium an der Uni in den Genuss von Statistik kam, weiß: Chi ist die Abweichung von der statistisch erwartbaren Normalverteilung.

Mathematiker gehen vom »Gesetz der großen Zahlen« aus: Wenn die Lottofee eine Menge Zahlenkugeln in ihre große Glastrommel wirft, wird jede Zahl gleich oft gewinnen. Nicht sofort, logo, aber wenn sie sehr viele Kugeln sehr lange durcheinanderwirft. Taucht hingegen auffallend oft die 23 auf, dann ist was faul am Ziehungsgerät. Genau das sagt der Chi-Quadrat-Test.

Und was dem Statistiker die Lottokugel, ist dem Steuerprüfer die Imbissbuden-Kasse. Ist doch klar, dass die bescheißen, die Dönergyrosfalafel-Händler, hat sich der deutsche Finanzbeamte immer schon gedacht. Und jetzt hat er sich halt ein Verfahren ausgedacht, um den Kerlen auf die Schliche zu kommen. Genau genommen hat er es übrigens dem Holländer abgeguckt, in der niederländischen Finanzverwaltung wird das Verfahren schon länger angewendet.

Es geht dabei nur um die letzte Ziffer vor dem Komma. Wenn Dimitrios jeden Abend seine Tageseinnahmen verbucht, müsste irgendwann jede Zahl mal drankommen – und wenn man sehr viele Tage vergleicht, müssten alle Zahlen gleich oft auftauchen. Theoretisch. Aber nur, wenn er grundehrlich und penibel abends seine bar kassierten Einnahmen aufschreibt. Auffallend oft die Drei vor dem Komma? Ha, dann stimmt was nicht.

Sehr wahrscheinlich, dass die Drei die Lieblingszahl von Dimitrios ist. Denn der moderne Finanzbeamte ist nicht nur ein Zahlenfuchs, er ist auch ein kleiner Psychologe. Er weiß: Jeder Mensch hat unbewusst eine oder zwei Lieblingszahlen. Vielleicht hat er am 3.3. Geburtstag oder er hat drei Kinder oder er hat eine rauschende Liebesnacht im Zimmer 303 eines romantischen Hotels verbracht. Jedenfalls: die Drei! Mit welcher Zahl also wird er, ganz unbewusst, das Finanzamt bescheißen, welche Zahl wird in fingierten Abrechnungen besonders häufig auftauchen? Klaro, die Drei.

Und dann – die Fünf. Die kann er gar nicht leiden. Wegen einer Fünf in Mathe ist er seinerzeit sitzengeblieben, am 5. Mai hat ihn seine Frau betrogen und das fünfte Rad am Wagen mag er auch nicht sein. Ha, schon erwischt. Da taucht in den Kassenbüchern aber selten die Fünf auf beim Imbisshändler. Schwupps, schon verdächtig.

Übrigens: Als Beweis für schwarze Kassen gilt diese Küchentischpsychologie natürlich nicht. Und viele Steuerberater haben auch schon Einspruch erhoben gegen diese Mischung aus Oberstufenmatheunterricht und Schmalspurpsychologie. »Des Weiteren möchte ich darauf hinweisen«, schreibt ein Berater in seinem Einspruch, »dass die Lieblingszahl meines Mandanten vielmehr die 13 ist.« Ach, und Sie dachten, Steuerverwaltung sei mehr so was mit konkreten Zahlen vor und nach dem Komma? Eine exakte Wissenschaft?

Wie gesagt: Als Beweis für Steuerhinterziehung gilt das Verfahren nicht. Aber es reicht für einen Anfangsverdacht. Und dann wird geprüft, mit allen Schikanen. Und eben mit Computerprogrammen – das ist grundsätzlich erlaubt, hat der Bundesfinanzhof ausdrücklich festgestellt. Neben dem Chi-Quadrat-Test sorgt auch noch das Benford-Gesetz für viel Freude.

Frank Benford war ein amerikanischer Physiker, der 1883 in Pennsylvania geboren wurde. Er muss ein regelrechter Zahlenfetischist gewesen sein, denn er sammelte im Laufe seines Lebens überall, wo er hinkam, Zahlensätze: Die Ergebnisse der amerikanischen Baseballliga, die Atomgewichte der Elemente, alle Zahlen aus einer Ausgabe des ›Reader´s Digest‹ – sogar die Stromrechnungen der pazifischen Salomon-Inseln. Schließlich verfügte er über 20 229 Datensätze. Und das alles ohne Computer!

Am Ende seiner beispiellosen Zahlenhuberei stand die

Erkenntnis: Auf der Welt gibt es mehr Zahlen mit niedrigen Anfangsziffern als solche mit einer hohen Anfangsziffer. Wer es genau wissen will: Als Anfangszahl kommt die Eins mit einer Wahrscheinlichkeit von 30,1 Prozent vor, die Neun bringt es nur noch auf 4,57 Prozent. Wohlgemerkt, wir reden nur von Anfangsziffern, nicht von absoluten Zahlen.

Wer das nun wieder verstehen will, muss sich vorstellen, er hat 100 Euro auf der Bank und legt sie mit einem festen Zinssatz an. Bis sich die 100 Euro verdoppeln, dauert es sehr lang, und so lange steht vorne immer eine Eins. Bis aber die Zwei von der Drei abgelöst wird, geht es doppelt so schnell. Dieses Phänomen haben Forscher auf fast alle Lebensbereiche angewendet, sogar auf die Natur: Es gibt mehr Pfützen als Tümpel. Es gibt mehr Tümpel als Seen. Es gibt mehr Seen als Ozeane. Also gibt es viel mehr Gewässer zwischen 10 und 20 Hektar als zwischen 30 und 40.

Benford starb 1948. Er bekam nicht mehr mit, dass der Computer erfunden wurde. Und er hätte sich wohl nie träumen lassen, was in den 90er-Jahren mit seinem »Benford-Gesetz« geschah. Anfang der 90er stieß nämlich der texanische Mathematiker Mark Nigrini auf Benfords Aufsätze. Und überlegte: So müsste man doch Steuerhinterziehern auf die Spur kommen. Sein erster Auftraggeber war das holländische Finanzministerium. Später vermutete Nigrini, dass US-Banken bei ihren Steuerbehörden fingierte Zahlen abliefern. Das Verfahren ist letztlich einfach: Kommen allzu selten Beträge mit einer Eins am Anfang vor, stimmt was nicht. Ein Beweis ist es nicht, aber ein begründeter Verdacht.

Nigrini war mit seiner Methode auf eine Geldquelle gestoßen: Heute wird das Verfahren von Buchprüfern und Firmen in aller Welt angewandt – zum Beispiel, um fingierten Spesenabrechnungen auf die Schliche zu kommen. Zumal auch hier die Psychologie Hilfsdienste an die Mathematik leistet: Wer schummelt, benutzt als falsche Ziffer besonders häufig die Fünf oder Sechs. Das wiederum hat die Hirnforschung ergeben – in der Mitte der Zahlenwelt fühlt sich das Hirn offenbar am wohlsten. Schön doof. Wenn es schon bescheißen will, sollte es lieber die Eins und die Zwei am Anfang benutzen, das dumme Hirn. Und die letzte Stelle vor dem Komma immer schön abwechseln, siehe Chi-Quadrat. Aber vielleicht will das Gehirn ja gar nicht schummeln.

Bleibt die Frage: Muss das alles sein? Muss sich ein deutscher Finanzbeamter mit Zahlenakrobatik, Küchentischpsychologie und Hirnforschung abgeben? Wäre es nicht viel wirtschaftlicher und auch viel menschenfreundlicher, er würde seinen computergestützten Arbeitsplatz ab und zu verlassen und die reale Arbeitswelt der Steuerzahler besuchen? Dazu ein letztes Beispiel. Ein vergleichsweise einfaches Verfahren ist der Zeitreihenvergleich, bei dem der Computer angebliche Schwarzeinnahmen ausspuckt. Es geht schlicht darum, den Gewinn der einen Woche mit dem Gewinn der folgenden Woche zu vergleichen. Wenn die Abweichung zu groß ist, schlägt der Computer Alarm. Bei einem Kölner Gastronomen führte der Zeitreihenvergleich dazu, dass das Finanzamt 89 000 Euro Nachzahlung verlangte. Vorwurf: schwarz verbuchte Einnahmen. Der Gastronom klagte gegen die Forderung, und das Finanzgericht kassierte vorläufig die Methode. Sie lässt nämlich ein paar ganz schlichte Fakten außer Betracht, die jeder Gast sofort versteht: Kauft ein Wirt in der ersten Woche des Monats mehrere Zentner Nudeln, ist in dieser Woche sein Gewinn gering. In der zweiten Woche ist der Gewinn zwangsläufig höher, denn er hat ja noch Nudeln übrig. Und so weiter. Klingt total simpel. Musste aber vor Gericht mühsam dargelegt werden.

Dimitrios, unser kölscher Grieche, hat übrigens längst aufgegeben, verstehen zu wollen, was genau ihm da vorgeworfen wird. Zwischendurch war er so verzweifelt, dass er ernsthaft erwog, in die griechische Heimat zurückzuziehen. Dummerweise ist aber auch in Hellas die Welt nicht mehr in Ordnung, das Land ist pleite – unter anderem, weil jährlich schätzungsweise 30 Milliarden Euro an Steuern hinterzogen werden. Künftig, oh Schreck, sollen auch in Griechenland die Imbisse und Kneipiers besser überprüft werden, von einer neu geschaffenen Finanzpolizei, einer Mischung aus Polizisten und Steuerfahndern. Na, dann kann Dimitrios auch in Köln bleiben. Seine Steuer hat er nachbezahlt. Und er hat sich vorgenommen, ein bisschen genauer hinzugucken, wenn einer kommt, den er nicht kennt, und Gyros kaufen will.

Das Private ist fiskalisch!

Warum das Finanzamt noch mehr schnüffeln darf als Google und Lidl zusammen

Alle Welt regt sich auf über Google. Zu Recht. Bald kann der Software-Multi ein lückenloses Bewegungsprofil von uns anfertigen. Welche Sex-Ratgeber wir online kaufen, welche Spargelrezepte wir kochen und für welche exotischen Reiseziele wir uns interessieren, weiß Google schon lange. Wie unser Haus aussieht, ist seit Google Streetview auch klar. Und mit der neuen Handy-Software Goggles kann die Firma schon Kunstwerke und Weinetiketten erkennen, vielleicht auch bald unsere Gesichter. Dann kann sie künftig unseren morgendlichen Weg zur Arbeit nachzeichnen. Auf Google Maps, versteht sich. Scheußliche neue Welt.

Alle Welt regt sich außerdem auf über Lidl, Telekom und Bahn. Zu Recht. Dort wurden Angestellte mit Kameras überwacht, ihre Eheprobleme ausgespitzelt, Krankendaten gespeichert. Scheußliche neue Arbeitswelt.

Aber kaum jemand ahnt, dass auch die Spuren, die man mit seiner EC-Karte, seiner Handyrechnung, seinen Kontoauszügen hinterlässt, eines Tages zu einer intimen Befragung bei einem deutschen Finanzamt führen können.

Das ist ganz alte Bürokratenwelt. Fühlt sich aber genauso scheußlich an.

Helga W. ist das passiert. Sie ist Psychologin in Hamburg und organisiert auf Honorarbasis Weiterbildungen und Medienanfragen für einen Interessenverband, ist also selbständig. Der Job wirft nicht viel Geld ab, macht aber Spaß. 2005 bekam sie aus heiterem Himmel eine Betriebsprüfung, dabei fiel tatsächlich ein formaler Fehler auf, den sie ihrem Steuerberater zu verdanken hatte. Wie üblich bei Betriebsprüfungen, musste sie ihre Kontoauszüge abliefern – natürlich hatte sie für die paar Euro, die sie bei dem Verband verdient, kein Geschäftskonto angelegt. Mit der Folge, dass jetzt alle Überweisungen, aber wirklich alle, beim Finanzamt aktenkundig wurden.

»Ich habe mich noch nie so durchleuchtet, so ausgezogen gefühlt wie in diesem halben Jahr«, sagt die Psychologin, »ich musste mit dem Finanzamt Dinge besprechen, über die ich noch nicht mal mit meinem Ehemann geredet habe.«

Warum sie die Handyrechnung ein paar Monate lang nicht nach Hause, sondern ins Büro schicken ließ? Warum ihre Eltern ihr einmalig 5000 Euro überwiesen haben? Was genau sie in diesem Hotel am Plöner See noch gemacht hat, als die Tagung schon zu Ende war? In diesem Hotel war sie tatsächlich einen Tag länger, und sie hat sich mit einem Geliebten getroffen. Das geht keinen was an, deshalb steht hier auch nicht ihr voller Name.

Wer sich auf Diskretion verstand, war das Hotel. Helga W. hatte ihr Laptop-Kabel im Hotelzimmer vergessen, und als sie im Hotel anrief, sagte die Rezeptionistin: Wir senden unseren Gästen nie Sachen hinterher, wir wissen ja nicht, ob ihnen das recht ist. Stimmt. Das Finanzamt war weniger zimperlich. Es schickte im Zuge der Betriebsprüfung eine ganze Liste mit Fragen nach Hotels, Restaurantessen, Telefonkosten. Und Helga W. hatte ein echtes Problem, ihrem Mann gegenüber diese Fragen zu beantworten, die er von sich aus nie gestellt hätte. Wenn nicht diese Briefe vom Finanzamt gekommen wären.

Noch schlimmer erwischte es Sabine K. Sie hat sich 2002 von ihrem Mann getrennt, seit 2003 ist sie geschieden. Die Trennung war schmerzhaft, die beiden haben zwei kleine Kinder. Es kostete viele Stunden Familientherapie und Mediation, bis alle Beteiligten halbwegs normal ein neues Leben führen konnten.

Das Hirn, sagt sie, hat ja eine segensreiche Gabe: Es kann verdrängen und vergessen. Scheußliche Wortgefechte, schlimme E-Mails, teure Anwaltsrechnungen, bei Sabine und ihrem Mann auch körperliche Gewalt – irgendwann heilt die Zeit selbst solche Wunden.

Bis 2008 eine Betriebsprüfung kam. Erst bei Sabine, dann bei ihrem Exmann, dann bei dessen neuer Gattin. Auch in diesem Fall forderte die Prüferin alle Unterlagen an, private Kontoauszüge, Scheidungsurkunde, notarieller Trennungsvertrag, Melderegister beim Einwohnermeldeamt. Und plötzlich bekam Sabine K. – ohne Vorwarnung – eine Strafanzeige. Es bestehe der Verdacht auf falsche Angaben bei der gemeinsamen Veranlagung im Jahr 2002. Da sei der Mann doch bereits aus der gemeinsamen Wohnung ausgezogen gewesen und habe ein neues Kind gezeugt. Die Ehe habe also wohl nur auf dem Papier bestanden. Verdacht auf Betrug.

Bei Sabine kam jetzt alles, alles wieder hoch. Ja, das stimmte, der Mann hatte recht schnell ein neues Kind gezeugt, das 2003 auf die Welt kam. Und die Trennung war im Jahr 2002. Aber manchmal sind die Dinge nicht so einfach im Leben und halten sich nicht an die Paragrafen des

Finanzamtes. Im richtigen Leben, das außerhalb der Büro-
zeiten von 8 bis 17 Uhr stattfindet, im richtigen Leben geht
es bisweilen anders zu als im Melderegister des Einwohner-
meldeamtes. Bei den K.s war es so, dass die Kinder noch
klein waren und litten, als Papa auszog. Also gab es mehrere Versuche, die Ehe zu retten. Der Mann zog ein, nach ein
paar Wochen wieder aus. Die Eltern gingen zur städtischen
Beratungsstelle, sie gaben sich mehrere Chancen.

»Können Sie das beweisen?«, fragte die Steuerprüferin.
Aber wie soll man beweisen, dass der Mann auch nach
der Trennung mehrere Nächte in der ehelichen Wohnung
verbracht hat? Sollte sie Nachbarn fragen, ob die sich erinnern konnten? Wie peinlich. »Sie müssen einen Versöh-
nungsversuch nachweisen. Kann auch im Hotelbett gewesen sein. Bringen Sie doch eine Hotelrechnung bei«, riet
der Steuerberater. Aber Sabine wollte nicht lügen, sie war
mit dem Noch-Ehemann nicht im Hotel gewesen. Sie hatte
auch keinen Sex mehr mit ihm gehabt. Und eigentlich wollte sie auch nie wieder mit jemandem darüber reden. Sie
hatte einfach versucht, die Familie doch noch zusammen-
zuhalten. Auch wenn der Mann im Dezember 2002 schon
eine andere Wohnung hatte und dort polizeilich gemeldet
war.

Sie rief bei der Beratungsstelle an, der Berater war mittlerweile pensioniert. Und weil die Beratung kostenlos statt-
gefunden hatte – ein bemerkenswerter Service des Staates
für Scheidungseltern –, gab es auch keine Akten bei der
Stadt. »Am Ende der Beratung«, ließ die städtische Angestellte wissen, »sind wir gehalten, die Akten zu vernichten.«

Also musste Sabine genau das machen, wovon ihr jeder
Psychologe abgeraten hätte: Sie wühlte sich durch alle hass-
erfüllten E-Mails von damals, sie riss ihre alten Wunden
wieder auf, sie setzte sich mit dem Exmann und dessen

neuer Frau an einen Tisch und versuchte, anhand der Kalender, Briefe und Mails zu rekonstruieren: Wann hatte der Mann zuletzt eine Nacht in der Wohnung verbracht? Wann fanden die »Versöhnungsversuche« statt, die das Finanzamt jetzt anzweifelte?

Am Ende blieb ihr nur eines: Sie erzählte unter Tränen ihre Trennungsgeschichte jener Betriebsprüferin, die ihr den ganzen Schlamassel eingebrockt hatte. Ausgerechnet. Sie erzählte ihr Dinge, die sie noch nicht mal der besten Freundin anvertraut hatte. Das Strafverfahren wurde eingestellt.

Inzwischen hat sie zu ihrem Galgenhumor zurückgefunden. »Wenn ich mich noch mal scheiden lasse«, sagt Sabine, »organisiere ich die Scheidung per Google: Anwalt, Therapeut, neue Wohnung. Dann kann ich anschließend den gesamten Datensatz beim Finanzamt abliefern.« Klingt logisch. Soll bloß keiner sagen, Deutschland dürfe kein Überwachungsstaat werden. Er ist es schon längst.

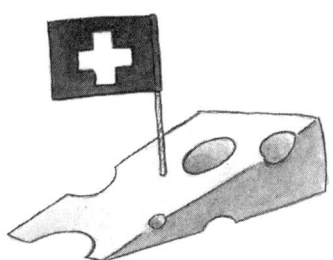

Es ginge auch anders ...

*Warum mein Leben in der Schweiz
ein anderes wäre*

Neulich war ich in eine Talkshow eingeladen, es ging um Beruf und Familie, um Liebe und Leben, um den ganz normalen Wahnsinn zwischen Kindern und Karriere. Ich saß neben einer Kollegin aus der Schweiz, der Bestsellerautorin Maya Onken, deren Leben und Arbeiten in ganz ähnlichen Bahnen verläuft wie meines: Sie ist um die vierzig. Sie hat zwei Kinder. Sie lebt vom Bücherschreiben und vom Unterrichten. Sie hetzt zwischen Arbeitsplatz, Halbtagsschule und Nanny hin und her – genau wie ich. Beide haben wir vergleichbare Bücher geschrieben. ›Hilfe, ich bin eine emanzipierte Mutter‹ heißt ihres, ›Ja toll! Geschichten, die immer nur mir passieren‹ heißt meines.

Aber eines unterschied uns enorm an jenem Tag im Februar 2009, als wir zusammen in der Kantine des Südwestrundfunks auf unseren Auftritt warteten. Ich steckte mitten in einer katastrophalen Steuerprüfung, die mir viel mehr schlaflose Nächte bereitete als sämtliche Kinder und Karriereschritte zusammen. Und Maya sagte verwundert: Steuerprüfung? Ein Jahr lang? Das wäre in der Schweiz undenkbar. Es gibt vieles, was mich stresst im Leben. Aber Steuern gehören definitiv nicht dazu.

Das mochte ich zuerst nicht glauben. In der Schweiz bezahlt man zwar erheblich weniger Steuern, das war mir klar. Aber das Prinzip ist doch dasselbe: Es gibt verschiedene Steuerarten, man kann alle möglichen Aufwendungen von der Steuer absetzen. Es gibt eine Progression, also steigende Steuersätze bei steigenden Einnahmen. Alles wie im Nachbarland Deutschland. Worin genau besteht dann der Unterschied?

Das wollte ich genauer wissen und rief Mayas Steuerberaterin in Zürich an. Überraschung Nummer eins: Eine Steuerprüfung habe sie in ihrer Kanzlei noch nie erlebt, erzählte sie. Aha. Mein Steuerberater in Köln hatte letztes Jahr acht. Auch von so kleinen Fischen wie mir: Journalisten, Hebammen, Künstlerinnen.

Aber die Finanzämter werden doch in der Schweiz auch nachfragen, wenn ihnen etwas komisch vorkommt? »Ja, klar«, sagt die Schweizer Steuerberaterin, »wenn der Steuerkommissär anderer Ansicht ist, dann schreibt er uns einen Brief und fragt nach. Dann telefonieren wir, das ist meistens sehr nett. Und dann macht er einen Vorschlag: Er rechne 500 Franken dazu – ob wir damit einverstanden seien. Und dann einigen wir uns am Telefon.«

Wie das klingt: netter Anruf. Vorschlag. Einigen. Mit Schrecken denke ich an meine Steuerprüfung. Erst kam per Einschreiben eine Strafanzeige. Dann wurde mir ein Jahr lang unterstellt, ich hätte meine Hochzeitsreise als Dienstreise und meinen Fernsehsessel als Bürostuhl ausgegeben. Und am Ende traf eine schriftliche Zahlungsaufforderung über einen hohen fünfstelligen Betrag ein, fällig innerhalb von vier Wochen, sonst Stress.

Ich war schon kurz davor, mit meinem geografischen

Schicksal zu hadern: Ich bin auf der Nordseite des Boden-
sees geboren, Maya auf der Südseite. Und nur deshalb
werde ich vom Staat gequält? Hätten sich meine Eltern gegenüber in Romanshorn angesiedelt – wäre mein irdisches
Dasein wenn vielleicht kein Paradies, so womöglich doch
ein Steuerparadies?

Bevor die Verschwörungstheorien in meinem Kopf über-
handnehmen, treffe ich Maya in Zürich. Wir sitzen bei
Starbucks am Bellevueplatz. Diesmal ist sie auch gestresst.
Nicht wegen der Steuer – ach was, das ist für Maya an einem
einzigen Tag im Jahr erledigt. Aber sie ist auf dem Weg von
Romanshorn, wo sie das »Frauenseminar Bodensee« leitet,
nach Zürich zu unserem Treffen durch eine Radarfalle gefahren. Na und, sage ich, aber ich merke schnell: Das Wort
»Blitzer« hat auf Maya dieselbe Reizwirkung wie auf mich
das Wort »Steuer«. »Weißt du, dass ich inzwischen mehr-
fach vorbestraft bin? Weißt du, dass wir hier einen Blitzer
haben, der im Jahr 2 Millionen Franken einspielt – einfach
so, ohne dass er an einem unfallträchtigen Ort stehen würde?« Als Autofahrerin, sagt sie, wirst du in der Schweiz sofort kriminalisiert.

Was hat das Reizthema »Auto« mit dem Reizthema
»Steuer« zu tun? Auf jeden Fall so viel: Es kann richtig teuer werden. Könnte es sein, dass sich hier die Seele eines
Landes ausdrückt? Die Schweiz ist eine reine Dienstleis-
tungsgesellschaft. Sie lebt von dem Geschäft mit Geld und
Versicherungen. Ist doch einleuchtend, dass sie dieses Gewerbe nett behandelt. Mit Samthandschuhen anfasst, höf-
lich mit ihm umgeht. Kapital ist ein scheues Reh, wie die
Banker gerne sagen – also bitte nicht erschrecken.

Auch Deutschland wird allmählich eine Dienstleistungs-
gesellschaft – aber noch spielt die verarbeitende Industrie
eine gewichtige Rolle, allen voran die Automobilbranche.

Nie würde man den deutschen Autofahrer über Gebühr schröpfen. Ein scheues Reh ist er zwar nicht, eher ein röhrender Hirsch. Und auf jeden Fall hat er eine gut organisierte Lobby, die richtig viele Wählerstimmen mobilisieren kann. Drum wird der deutsche Autofahrer mit Abwrackprämien und Pendlerpauschalen beschenkt. Und ich habe noch nie einen deutschen Autofahrer gehört, der sagt: »Ich werde kriminalisiert.«

Da sitzen wir nun, Maya und ich, und beseufzen unser nationales Schicksal. »Irgendwie kriegen sie dich immer«, sagt sie. »Komm, wir kaufen uns bei Sprüngli ein Praliné des Tages.«

Das Leben ist hart, wir brauchen jetzt ganz viel Schokolade. Sie muss heute Nachmittag schauen, ob ihr schon wieder Entzug des Führerscheins und Fahrverbot für drei Monate drohen. Ich mache derzeit einen Extrajob, um meine Steuerschulden zu bezahlen. Beides kostet vollkommen überflüssig Lebensenergie.

Apropos Energie. »Wovon handelt dein nächstes Buch?«, will sie wissen, während wir bei Sprüngli an der Kasse stehen, vor uns sehr viel scheues Kapital im Pelzmantel. Ist schon ein reiches Land, diese Schweiz. Worüber ich schreibe? Na, über Steuern natürlich, das Thema hat mich gefunden.

Und du, Maya? Sie zieht ein Exemplar aus der Tasche, druckfrisch. ›Heissssss. Eine Lustreise zur Sexgöttin‹. Ha, das ist der Unterschied: Wenn du eine Steuerprüfung am Hals hast, brauchst du an Sex gar nicht mehr zu denken. Die Nächte verbringst du mit dem Sortieren von verblichenen Belegen aus dem Jahr 2006. An den Tagen siehst du so fertig aus, dass eh keiner auf die Idee kommt, mit dir Körperflüssigkeiten austauschen zu wollen. Steuer bremst einen total aus.

Im Gegensatz zu Tempo 100 auf der Landstraße. Das

wird zwar auch teuer, aber es törnt wenigstens an. Was fällt einem beim Thema Steuer ein? Quittungsblock. Ärmelschoner. Exceltabelle. Was fällt einem beim Thema Auto ein? Na, zumindest potenziell: Boxenluder. Sex auf dem Rücksitz. Reise zur Sexgöttin, mit 250 PS.

Jedenfalls teilen wir ein weiteres Schicksal. »Seit ich anfing, ein Sexbuch zu schreiben, erzählen mir alle Frauen ihre Bettgeschichten«, sagt Maya. Geht mir auch so. Seit ich an dem Steuerbuch schreibe, kippt mir jeder sein Finanzamttrauma vor die Füße.

In eine gemeinsame Talkshow werden wir so wohl nicht eingeladen. Es sei denn, es gibt was mit Autos und Steuern. Temposündern und Steuersündern. Oder Sex im Finanzamt. Mal sehn.

Steuern klar – aber wofür?

Warum so viel Geld in Kanzler-U-Bahnen
und Steuerfriedhöfen vergraben wird

In Duisburg-Wedau, mitten im Ruhrgebiet, lässt sich ein einzigartiges Naturschauspiel beobachten. An der Uferböschung entlang der Regattastrecke im Sportpark wuchern Gräser und Wasserschlingpflanzen über ein stählernes Ungetüm, auf dem sich ganz allmählich Flugrost ansetzt. Die Natur holt sich zurück, was der dumme Mensch falsch geplant hat. Eine computergesteuerte Kameraschienenbahn sollte das Ganze werden, sie sollte »packende Livebilder« von Kanurennen machen. Aber bei der Weltmeisterschaft der Kanuten im August 2007 lieferte die Kamera von der Bahn nur verwackelte und unscharfe Bilder, weder fürs Training noch fürs Fernsehen zu gebrauchen. 1,2 Millionen Euro sind schon an das ausführende Unternehmen geflossen, der Bund der Steuerzahler fürchtet: Die Stadt und das Land werden auf einem Großteil der Kosten sitzenbleiben.

Große Pläne auch im westfälischen Büren. Dort schaffte die Stadt im Jahr 2009 vier Alphörner der Marke Swiss Carbon an für insgesamt 11 000 Euro. Die Hälfte bezahlte die Stadt, die andere Hälfte die EU aus einem Sondertopf zur

Förderung ländlicher Regionen. Alphörner? In Ostwestfalen-Lippe, wo der höchste Berg gerade mal 451 Meter hoch ist? Auf die Idee war der örtliche Musikverein bei einem Besuch bei der österreichischen Partnergemeinde Mittersill gekommen. Die haben auch Alphörner. Es lebe die Völkerverständigung. Und drum sorgen jetzt die Alphörner für eine »mystische Atmosphäre im Almetal, der sich kein Mensch entziehen kann«, so ein offizielles Schreiben der Stadtverwaltung.

Beim Bund der Steuerzahler, von dem beide Beispiele stammen, kommt keine mystische, eher eine sarkastische Atmosphäre auf. »Ich hätte mir gewünscht, dass den Büreener Gästen in Mittersill Blockflöten vorgeführt worden wären – dabei wäre die Stadt billiger weggekommen«, sagt Beate Berrischen vom Steuerzahlerbund. Der Verband sammelt solche Beispiele, einmal im Jahr gibt er ein ›Schwarzbuch‹ heraus, in dem besonders krasse Schildbürgerstreiche vorgeführt werden.

Ist das kleinlich? Ja, schon. Aber der Staat ist auch kleinlich, wenn er unsere Steuern haben will.

Nicht nur der Bund der Steuerzahler rechnet genau nach, auch der Bundesrechnungshof legt einmal im Jahr seinen Bericht über Steuerverschwendung vor. Er liest sich nicht ganz so lustig wie das ›Schwarzbuch‹, weil er nicht so viele skurrile Schildbürgerstreiche enthält. Dafür geht's auch nicht um Peanuts wie Alphörner, sondern um richtig viel Geld: 145 Millionen Euro für die erfolglose Entwicklung einer Kampfdrohne, weitere 23 Millionen Euro für eine Folgestudie. Alte, kaum genutzte Fahrzeuge bei der Bundeswehr, viel zu teure Motorenöle. Solche Sachen.

Das Problem mit den großen Beträgen ist bloß: Die sind so riesig, die kann man sich gar nicht mehr vorstellen. Was ist das, 145 Millionen Euro, wie viele Nullen hat das? Und erst jene 80 Milliarden Euro, die der Bund inmitten der Wirtschaftskrise in zwei Konjunkturpakete gesteckt hat – kann das irgendeiner noch verstehen? 80 Milliarden, das ist eine Acht mit zehn Nullen. Passt auf keinen handelsüblichen Taschenrechner. Verstehen kann man, mit viel Mühe, gerade noch eines: Aufgrund der wahnwitzigen Summen, die der Staat jetzt plötzlich und unvorbereitet ausgegeben hat, hinterlassen wir der nächsten Generation einen unglaublichen Berg an Schulden. 2020, wenn unsere Kinder erwachsen sein werden und hoffentlich selbst Geld verdienen, wird alles, alles Geld – nämlich 100 Prozent der deutschen Wirtschaftsleistung – nur für Schulden ausgegeben. Das schätzt die EU-Kommission. Zum Vergleich: Im Jahr 2007 betrug der Schuldenstand in Deutschland noch 65,1 Prozent.

Alles nicht so schlimm, sagen die Politiker, die nächste Generation hat zwar die Schulden zu schultern. Aber dafür machen wir sie fit, bilden sie gut aus, investieren in Schulen und Zukunftsprojekte. Alles gelogen, sagt wiederum das Deutsche Institut für Wirtschaftsforschung in Berlin (DIW). Deren Studie ergab: Die Konjunkturmilliarden flossen beispielsweise in ein Bestattungsforum auf dem Ohlsdorfer Friedhof in Hamburg. In ein neues Schießsportzentrum in Frankfurt-Oder. In längst fällige Reparaturen von maroden Gebäuden. »Geld für Gips statt Geld für Grips«, fasst der DIW-Chef zusammen. Statt, wie angekündigt, neue Bildungsinhalte zu erproben, wurden zerdepperte Schulfenster ausgetauscht. Das Extrageld wurde schlicht dafür verwendet, die Schlamperei von vielen Jahren ein bisschen auszubügeln. Aber fit für die Zukunft? Werden unsere Schüler so nie. Die sollen mal schön froh sein, dass es nächsten Herbst im Schulpavillon nicht mehr durchs marode Dach regnet.

Darum wird es weiterhin Schwarzbücher, Rechnungshöfe und aufmerksame Journalisten geben müssen, die dem Staat auf die Finger schauen, was er denn so macht mit unseren Steuern. Wenn man ihn fragt, dann muss er übrigens Rechenschaft ablegen, das immerhin ist in Deutschland klar geregelt. Auch die Stadt Büren musste jetzt Auskunft geben, ob sich die Alphörner der Marke Swiss Carbon positiv auf die Tourismuswirtschaft im Paderborner Land ausgewirkt haben. Ja klar, auf jeden Fall, findet der Vizeverwaltungschef und nennt als Kronzeugen den Bläser Peter Hahn, Mitglied des Alphornquartetts. Am 1. Mai 2009 erklangen die neuen Alphörner von der Burgruine herunter. Hahn freut sich: »Zwei Radler aus Rheda-Wiedenbrück haben angehalten und lange zugehört.« Dann ist das Steuergeld doch gut angelegt, das ist ja schön.

Was macht ihr da mit unserem Geld?

Warum immer mehr Steuerzahler jetzt plötzlich mitreden wollen

Der englische Punksänger Billy Bragg war im Februar 2010 der Erste, der das tat, was wahrscheinlich Millionen von Steuerzahlern gerne machen würden: Er erklärte öffentlich, er werde keine Einkommensteuer mehr bezahlen. Und zwar so lange, bis die englische Regierung die »unmoralischen und zynischen« Bonuszahlungen an die Investmentbanker der Royal Bank of Scotland stoppt. Und damit die Worte ihre Wirkung so richtig punkermäßig britisch entfalten konnten, brüllte er sie im legendären Hyde Park in die Menge.

Was war passiert? Nun, in etwa dasselbe wie in Deutschland. Die englischen Banken wurden in der Wirtschaftskrise mit Steuergeldern gerettet. Die Royal Bank of Scotland hat 2008 und 2009 Milliardenverluste gemacht und wurde deshalb 2009 teilverstaatlicht. Das heißt: 84 Prozent dieser Bank gehören dem britischen Steuerzahler.

Das hielt die Banker aber nicht davon ab, schon bald wieder milliardenschwere Boni an ihre Topmanager zu vergeben. Moment mal, sagt der Punksänger – und spricht mit

Sicherheit seinem Volk aus dem Herzen. »Uns britischen Steuerzahlern gehören 84 Prozent der Bank. Also dürfen wir darüber mitbestimmen, was die Banker mit dem Geld anstellen. Gebt uns unser Geld zurück, bevor ihr euch wieder dicke Boni zahlt!«

Rein juristisch wird der Sänger mit seinem Boykottaufruf nicht durchkommen. Aber moralisch? Sollten wir, die wir in Köln wohnen, nicht so lange die Steuer einbehalten, bis endlich die zur Verantwortung gezogen werden, die unsere Steuergelder in marode U-Bahn-Bauten versenkt haben? Sollten wir, die wir in Deutschland brav Steuern zahlen, nicht in Karlsruhe dagegen klagen, dass wir, um unseren schönen Euro zu retten, ausgerechnet das korrupte Griechenland unterstützen müssen?

Die Erfolgsaussichten sind gering. »Es gibt im deutschen Steuerrecht die kluge Regel«, erklärt Ex-Verfassungsrichter Paul Kirchhof, »dass der Steuerbürger keine Entscheidungsbefugnis darüber hat, wie seine Steuergelder verwendet werden. Das ist Sache der Parlamente.« Schließlich müsse ein überzeugter Pazifist ja auch hinnehmen, dass seine Steuergelder in die Rüstung wandern.

Ja, schon. Aber wenn der Steuerbürger das Gefühl hat, dass die Parlamente das Geld nicht gerecht verteilen – was dann? Dann sinkt in der Tat die Steuermoral der Bürger, das hat der Heidelberger Finanzwissenschaftler Lars Feld erforscht. Jeder von uns, sagt Feld, hat einen »psychologischen Steuervertrag« mit der Obrigkeit. Der funktioniert so lange, wie wir denken: Die werden das schon gut machen, die da oben. Aber genau daran krankt der Vertrag im Moment. Nicht nur wegen der Banker und der Boni.

Am Beispiel Köln kann man das sehr schön erläutern. Wofür zahlen wir in dieser Stadt Steuern? Na, wie überall: für gute Schulen. Für den öffentlichen Nahverkehr. Für die Kultur. Und dafür zahlen wir gerne, denn wie heißt der Sinnspruch über der amerikanischen Finanzbehörde: »Steuern sind das, was wir für eine zivilisierte Gesellschaft bezahlen.«

Aber was bekommt eine Kölner Familie in Wahrheit für ihre Steuern? Wenn sie ihren hoffnungsvollen Nachwuchs im altehrwürdigen Friedrich-Wilhelm-Gymnasium untergebracht hatte, musste sie hilflos zusehen, wie die Schule vom Einsturz des Stadtarchivs mitgerissen wurde. Seither werden die Gymnasiasten, auf die Stadt verteilt, in Hilfsgebäuden unterrichtet. Und an anderen Schulen sieht es oft nicht viel besser aus. Vielerorts sollen Schüler in Blechcontainern lernen, in denen es im Winter kalt ist, im Sommer die Sonne ungeschützt draufscheint und dazwischen die Fenster schimmeln, wenn es regnet. Zivilisierte Gesellschaft?

Der öffentliche Transport – darüber braucht man in Köln gar nicht mehr zu reden. Seit beim Bau einer U-Bahn, die von der Mehrheit der Bürger nie erwünscht war, ein schlampig gebauter Schacht in sich zusammengesackt ist, weiß der Steuerzahler: Es wird eine Milliarde Euro kosten, die Schäden zu beseitigen.

Ganz grotesk wird es bei der Kultur. Das Stadtarchiv ist im Schutt versunken. Ihre Kunsthalle ließ die Stadt so lange verwahrlosen, bis man sie 2002 abreißen musste. Neubau? Wird wohl nichts, die Stadt ist ja pleite. Dasselbe beim Theater. »Die Stadt hat das Schauspielhaus so systematisch verkommen lassen, dass eine Sanierung sich nicht mehr lohnt«, schreibt der Lokalchef des ›Kölner Stadtanzeigers‹. Aber der Neubau würde so teuer, dass kein Geld mehr da wäre fürs Bespielen. Geschätzter Schaden für den Steuerzahler: 255 Millionen Euro.

Und jetzt plötzlich regt sich der Zorn der Kölner. So wie

im Fall des Punksängers Bragg in England, ist es auch hier die Kunstszene, die fragt: Was macht ihr da überhaupt mit unseren Steuern? Berühmte Söhne und Töchter der Stadt, die Künstler Gerhard Richter, Rosemarie Trockel und Sigmar Polke, haben zum Karneval ein Lied gesungen: »Ihr seid Künstler und wir nicht, eure Ahnung, die ham wir leider nicht. Doch schon bald habt ihr uns beigebracht, wie man aus Köln einen Haufen Scheiße macht.«

Zum Steuerboykott rufen die Kölner nicht auf, aber zum Bürgerbegehren: Über 30 000 Unterschriften haben sie in Rekordzeit gesammelt, um den Abriss des Theaters zu verhindern und eine Sanierung durchzusetzen. Mit Erfolg: Am 13. April 2010 nimmt der Rat der Stadt Köln das Bürgerbegehren an. Das Schauspiel wird nicht abgerissen, sondern saniert, die aktiven Bürger an einen »runden Tisch« gebeten.

Alles deutet darauf hin: Der Steuerbürger hat die Nase voll! Er kündigt seinen »psychologischen Steuervertrag«. Er will jetzt selbst mitentscheiden, wofür das Geld ausgegeben wird.

Vorbilder dafür gibt es. In Schweden und in Dänemark bestimmen die Bürger in den Kommunen ein Stück weit mit, wie viel Steuern sie zahlen – und wofür sie ausgegeben werden. So kann eine Gemeinde zum Beispiel darüber abstimmen, ob die Einkommensteuer für eine Weile angehoben wird, damit eine neue Schule gebaut werden kann. Die Folge: Die Skandinavier haben die höchste Steuermoral, sind also am ehrlichsten bei ihrer Steuererklärung. Und das, obwohl die Steuersätze die höchsten in Europa sind.

Auch in der Schweiz gibt es Kantone, in denen regelmäßig über bestimmte Ausgaben abgestimmt wird: über Projekte für Schulen und Krankenhäuser zum Beispiel. Wenn man weiß, wohin das Geld fließt, zahlt man lieber. »Je mehr der Bürger in politische Entscheidungen mit einbezogen wird«, schreibt der Schweizer Wirtschaftswissenschaftler Bruno Frey, »desto mehr fühlt er sich der Gemeinschaft auch verpflichtet.« Und je mehr er das große Ganze im Blick hat, desto strenger ist der Schweizer mit seinen Mit-Eidgenossen: Gerade in den plebiszitären Kantonen finden es Steuerzahler besonders verwerflich, wenn der Nachbar den Fiskus betrügt. Das fand der Forscher durch Befragungen heraus. Eine Art soziale Kontrolle unter aufrechten Bürgern.

Und selbst in Brasilien funktioniert das Modell »direkte Steuerdemokratie«: In der Stadt Porto Alegre stimmen die Bürger seit mehr als zwanzig Jahren in Großversammlungen darüber ab, wie viel Geld ausgegeben wird für Müllabfuhr, für Wasserleitungen, für Schulen. Der Erfolg: kaum noch Elendsviertel, kaum noch Korruption, viel weniger Kriminalität.

Hört sich zu einfach an für ein großes Land wie Deutschland, das zudem eingebunden ist in die weltweite Wirtschaft? Kommt darauf an. Sicher wird es nicht so weit kommen, dass der Bundesbürger aus Wanne-Eickel über den Kauf des nächsten Learjets abstimmt. Aber Mitbestimmung und Transparenz im Kleinen könnten helfen: Wenn der Staat nicht ein schemenhaftes Monstrum ist, das einmal im Monat vorbeikommt und das halbe Gehalt abgreift, sondern eine Heimat, die wir mitgestalten – dann macht es definitiv mehr Spaß, Steuern zu zahlen.

Oder, um es in den Worten des Punkers Billy Bragg zu sagen: »Die geduldigen Millionen, die euch an die Macht gebracht haben, erwarten ein bisschen mehr für ihre Steuern. Sie wollen Schulbücher, Krankenbetten und Frieden in diesen blutigen Zeiten. Was sie bekommen, sind alte Männer, die ihre Schäfchen ins Trockene bringen.«

Ach ja, dieses Lied stammt übrigens aus dem Jahr 1986.

Von der CD »Talking with the Taxman about Poetry«, zu Deutsch etwa »Ich rede mit meinem Finanzbeamten über Lyrik«. Hat sich nicht viel geändert in den letzten 24 Jahren. Außer dass »die Millionen« nicht mehr so geduldig sind. Und der Sänger selbst jetzt erst mal gar nichts mehr bezahlt an den Staat.

MySteuer

*Wie wir uns unsere ganz private Steuermoral
zusammenbasteln*

Meine Kollegin Sabine leiht sich jeden Morgen am Kölner Hauptbahnhof ein »Bahnrad«. Das ist sehr lobenswert, denn sie schont die Umwelt, tut ihrer Beinmuskulatur etwas Gutes und sorgt außerdem dafür, dass »Call-a-Bike« sich langsam bei den Bahnkunden herumspricht. Dafür, das muss man Sabine lassen, hat sie schon sehr viel getan: Jedem, der sie auf das auffällige weiße Rad mit der roten Schrift anspricht, erklärt sie mit Engelsgeduld, wie das System funktioniert.

Was sie nicht ganz so gern erzählt: Sie fährt mit dem Rad morgens ins Gewerbegebiet nach Lövenich. Das ist außerhalb des Radius, den die Bahn für ihr Call-a-Bike-System vorgesehen hat – und den sie per GPS kontrollieren kann. Für Sabine ist das praktisch: Wenn sie um 17 Uhr ihre Fernsehproduktionsfirma verlässt, steht das Rad noch da. Logo, die Bahn kann es da draußen ja gar nicht orten, also kann es auch kein anderer ausleihen. Für die Bahn wiederum ist das ganz blöd, denn sie kann das Rad tagsüber nicht verleihen. Dadurch geht ihr auf die Dauer ziemlich viel Geld flöten.

Sabine fühlt sich moralisch dennoch auf der richtigen Seite. »Ich hab schon so viel Werbung für das Bahnrad gemacht«, sagt sie, »und außerdem: Habt ihr gelesen, dass die Bahn demnächst schon wieder ihre Tarife erhöhen will?« Unterm Strich, findet Sabine, stehe eher die Bahn bei ihr in der Schuld als sie bei der Bahn.

Nach diesem Prinzip handeln wir fast alle: Wir fühlen uns diffus übervorteilt, als Opfer, ungerecht behandelt. Und versuchen uns wenigstens ein bisschen zurückzuholen von dem, was uns vermeintlich zusteht.

Vor allem vom Finanzamt. Ja, ist das denn in Ordnung, dass man als Lehrer das Arbeitszimmer nicht mehr von der Steuer absetzen darf? Also, schnell mal den Wochenendtrip nach London als Fortbildung ausgeben. Ja, spinnen die denn, der Commerzbank so viele Milliarden nachzuwerfen? Dann kann ich mein Geld aber auch in der Schweiz parken. Ist doch sowieso alles ein großer Beschiss. Alle denken an sich, also muss ich an mich denken.

Dieses Denken ist sehr menschlich. Aber fatal für eine Gemeinschaft. Und ein Zeichen dafür, dass etwas sehr Grundsätzliches abhandengekommen ist: der Gedanke, dass eine Gemeinschaft auf Dauer nur funktioniert, wenn neben dem blanken Egoismus auch so was wie Solidarität herrscht.

Das wird am deutlichsten bei den Sozialversicherungssystemen, die davon leben, dass die »starken Schultern« mehr tragen als die »schwachen Schultern«. Das fängt schon mal damit an, dass die starken Schultern dringend zum Kieser-Training geschickt werden müssten, denn so furchtbar stark sind sie gar nicht mehr. Ähnlich wie bei der Steuer ist es auch bei den Abgaben zur Kranken- und Rentenversicherung so, dass die Mittelschicht in den letzten Jahren immer noch mehr zur Kasse gebeten wurde. Und ächzt und stöhnt und irgendwann sagt: Jetzt hol ich mir meinen Teil zurück.

So kommt es, dass Zeitgenossen, die einem morgens in der Bahn relativ gesund und munter vorkommen, plötzlich zwei Wochen krankgeschrieben sind. Man besucht sie besorgt und sie erzählen einem ohne Scham: Ich hab diesen kleinen dermatologischen Eingriff jetzt machen lassen. Ja, hätte nicht unbedingt sein müssen, aber mal ehrlich: Ich hatte so lange nichts. Ich zahle jeden Monat 500 Euro an die DAK, jetzt bin ich auch mal dran.

Logisch, dass die Kosten letztlich auf uns selbst zurückfallen. Denn eigentlich ist das Solidarsystem darauf ausgelegt, dass viele ganz lange gesund sind und für wenige Kranke und Notfälle zahlen. Wenn wir alle immer mehr Leistungen der Krankenkassen in Anspruch nehmen, steigen die Beiträge weiter. Das trifft uns alle. Das Blöde ist nur: Da wir sicher sind, dass Nachbar A und Kollege B sich einen viel größeren Teil vom Kuchen holen, wollen wir am Ende nicht dumm dastehen. Wir denken: Zahlen muss ich ja ohnehin, also will ich auch was davon haben. Ein Teufelskreis.

Wie soll man den durchbrechen? Darüber haben sich Wissenschaftler schon oft den Kopf zerbrochen. Sie reden von »Kooperation bei öffentlichen Gütern«. Bei privaten Gütern ist der Tausch einfach: Für eine bestimmte Summe Geld gibt mir der Bäcker Brot. Das ist prima für beide Seiten, kein Mensch kommt darauf, dieses Geld nicht bezahlen zu wollen.

Bei öffentlichen Gütern ist die Lage komplizierter: Der Vorteil entsteht erst, wenn eine kritische Zahl von Bürgern kooperiert. Und das Fiese ist: Auch wenn einer von denen nicht kooperiert – zum Beispiel Steuern hinterzieht –, profitiert er, nutzt zum Beispiel die Straßen und die Schulen. Wenn es zu viele solcher Trittbrettfahrer gibt, sinkt die Steuermoral. Warum soll ich ehrlich sein, wenn der Nachbar bescheißt? Deswegen ist Steuerhinterziehung ansteckend: Allein die Berichte über Zumwinkel und Co. lassen massenhaft ehrliche Steuerzahler ins Grübeln kommen.

Was nun befördert die Ehrlichkeit? Finanzwissenschaftler Lars Feld nennt zwei Faktoren: die Reziprozität – also das Gefühl, ich kriege was für meine Beiträge. Und die Sicherheit, dass die anderen bei dem Deal mitmachen, eben die »Kooperation«. Darum war der Grundgedanke der Hartz-Reformen durchaus richtig: Jeder, der kann, soll etwas beitragen. Denn wenn wenige für ein System bezahlen und dabei das Gefühl haben, andere heben nur Geld ab, dann sinkt ihre Bereitschaft zu löhnen.

Forscher reden von der »horizontalen Gerechtigkeit«: Wenn ich das Gefühl habe, ich bezahle ungefähr dasselbe wie mein Nachbar, meine Kollegin, mein Mann – angenommen, sie kommen etwa aus demselben Milieu wie ich –, dann steigt meine »Steuer-Compliance«, also meine Bereitschaft, brav mitzumachen beim System.

Aber was ist mit der Reziprozität? Was, wenn wir schon lange das Gefühl haben, die Gegenleistung stimmt nicht? Dann fangen wir alle an zu tricksen. Selbst der Professor. »Als ich in der Schweiz gelehrt habe, wäre ich nie auch nur eine Station schwarzgefahren mit der Bahn«, erzählt Feld. Schlicht und einfach deshalb, weil die Bahn perfekt funktioniert, eine grandiose Bereitstellung an Komfort vonseiten des Staates.

Und in Deutschland? »Musste ich neulich zwischen dem Frankfurter Hauptbahnhof und dem Flughafen Strafe zahlen, weil ich kein ICE-Ticket hatte«, erzählt der Professor, »dabei hatte die Bahn meinen gewünschten Intercity gestrichen.« So wird er stinkig, der Bahnkunde. Und fängt an, über Privatjustiz nachzudenken. Bei fünf Fahrten ohne

Ticket zwischen Hauptbahnhof und Flughafen – wo selten kontrolliert wird – ist die Strafgebühr wieder drin.

Geht natürlich nicht, wo kämen wir hin, wenn jeder fürs Bahnfahren so viel bezahlt, wie er für gerechtfertigt hält. Aber eines ginge schon: Die öffentlichen und halb öffentlichen Institutionen könnten sich anders aufführen. Großzügiger. Freundlicher. Nach dem Motto »Wie man in den Wald hineinruft, so schallt es zurück«.

Das funktioniert auch in der Privatwirtschaft, sagt der Wissenschaftler. Eine Boutique, in der ich nett bedient werde, darf teurer sein. Ich werde trotzdem da einkaufen. Eine Versicherung, die sich kulant zeigt, wird seltener betrogen. Eine Versicherung, von der man wahrnimmt, dass sie große Glastürme baut und sich wenig kundenfreundlich gibt – die wird häufiger betrogen.

Und gerade Versicherungen werden noch öfter hintergangen als das Finanzamt. Seit zehn Jahren bezahlt man in die Hausratversicherung ein. Da wird doch mal ein neues Rad drin sein? Diese Denke ist weit verbreitet und jagt die Versicherungsprämien in die Höhe. Für alle, auch für die Ehrlichen.

»Die haben genug an mir verdient« ist die Haltung, die quasi in allen gesellschaftlichen Bereichen zu finden ist. Fragt man Jugendliche, warum sie Musikstücke, Computerspiele und Apple-Applikationen (Apps) schwarz aus dem Internet laden, anstatt sie brav im iTunes-Store zu kaufen, sagen sie einem glatt ins Gesicht: Hast du schon mal die Umsatzzahlen von Apple gesehen? Da trifft es den Richtigen.

Wahrscheinlich haben sie im Deutschunterricht gerade Bert Brecht durchgenommen. Was ist ein Einbruch in eine Bank gegen die Gründung einer Bank?

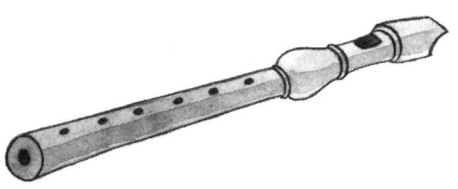

Das ist jetzt aber Kabarett. Oder?

Wie viele Instanzen man damit beschäftigen kann,
ob sieben oder 19 Prozent Umsatzsteuer fällig werden

Wer in die Absurditäten des deutschen Steuersystems ein-
tauchen will, muss einen Leseabend mit dem Schriftsteller
Heinz Strunk besuchen, Verfasser des satirischen Romans
›Fleisch ist mein Gemüse‹. Der zückt nämlich mitten in
der Dichterlesung aus seinem Werk ›Fleckenteufel‹ die
Sopran-Blockflöte und spielt den evangelischen Gassenhau-
er »Danke für diesen guten Morgen«. G, e-Moll, a-Moll –
»danke, ach Herr, ich will dir danken, dass ich danken
kann«.

Das wäre an sich schon komisch. Aber noch komischer
ist die Begründung, die er nachliefert. Sein Steuerprüfer
erkenne Lesungen nicht als Kunst an und verbiete ihm deshalb, den ermäßigten Steuersatz von sieben Prozent geltend zu machen. Lesungen, das seien für das Finanzamt
offenbar so was wie literarische Butterfahrten. Also spielt
der Dichter zwischendurch ein bisschen Flöte. Musik ist
gleich Kunst ist gleich sieben Prozent.

Das ist jetzt aber Klamauk, oder? Geht so. Die Frage, welche Leistungen im deutschen Steuersystem mit sieben und

welche mit 19 Prozent besteuert werden, hat wirklich viele heitere Aspekte. Das Blöde ist nur: Das Finanzamt meint es todernst.

Zum Beispiel mit dem Popcornverkauf im Kino. Wer sich heute einem großen Kinocenter nähert, riecht es schon von Weitem: Nachos und Popcorn werden in großen Mengen im Vorraum der Kinos geröstet und verkauft. Take-away, hätte man früher gesagt, bevor sich sage und schreibe der Bundesfinanzhof mit der Materie befassen musste. Away, wirklich away? Werden die gerösteten Maiskörner nicht überwiegend im Kino verzehrt? Schließlich schmecken die nur, wenn sie warm sind, also muss man sie »vor Ort« verzehren, oder?

Das hatte zumindest das zuständige Finanzgericht behauptet. Anlass: eine Umsatzsteuersonderprüfung, die das Kino ereilt hatte. Der Kinobetreiber hatte – wie seine Kollegen in anderen Städten auch – Nachos und Popcorn als »Fingerfood« angegeben, zum Mitnehmen eben, und deswegen nur sieben Prozent Umsatzsteuer abgeführt. Das Finanzamt fand hingegen: Das Essen sei ein Erlebnis an sich. Das Popcorn werde vor Ort gegessen, dafür sprächen schon allein die Beschaffenheit der Stühle im Vorraum und die Anzahl der Toiletten. Das alles zeige eindeutig einen »restaurationsartigen Charakter«. Genauso sah das örtliche Finanzgericht die Sache – und forderte 19 Prozent Umsatzsteuer.

Der Kinobetreiber konterte: Das Essen sei nur eine Zugabe zum Film. Toiletten müsse er auch ohne Popcorn bereitstellen. Denn, das kennt doch jeder, kaum ist ein Film saukomisch, muss man schon allein vor Lachen aufs Klo, oder? Und wer zum Beispiel den Naturschinken ›Ocean‹ anguckt – der muss vor lauter Meeresrauschen mindestens zwei Mal pinkeln. Ganz ohne vorherige Coca-Cola-Aufnahme.

Moment, sagte das Finanzgericht. Was ist mit Putzfrauen und Müllabfuhr? Die kommen doch vor allem, weil die Popcornkrümel so eklig an den Kinopolstern kleben. Also ist das Essen ein Erlebnis an sich, da braucht man gar keinen ›Avatar‹ mehr.

Falsch, sagte der Kinobesitzer. Gerade Filme wie ›Avatar‹: Da werden diese 3D-Brillen verteilt und anschließend zertrampelt. Müll! Kinomüll, ganz ohne Essen! Und die Tickets. Und die Gratisflyer. Müllabfuhr brauche er auch dann, wenn es gar nichts zu essen gebe.

So hätte es noch lange weitergehen können, aber irgendwann entschied denn doch der Bundesfinanzhof: Essen im Kino ist kein Erlebnis an sich. Sieben Prozent Umsatzsteuer reichen.

Ganz ehrlich: Wer sich aus Heißhunger jemals größere Mengen an Nachos im Kinovorraum zu Gemüte geführt hat, weiß: Ein kulinarisches Erlebnis ist es nicht. Ein fiskalisches Erlebnis ist es auch nicht, das ist jetzt also amtlich. Aber müssen dafür zwei juristische Instanzen bemüht werden? Armes Deutschland.

Reiches Deutschland, noch hat es offenbar auch viel zu verschenken. Und zwar an die, die besonders laut schreien. Wer den vollen Mehrwertsteuersatz bezahlt und wer den ermäßigten – das ist oft genug eine Frage der Lobby. 50 Gruppen von Ausnahmen haben die Finanzpolitiker erstellt, und immer wieder kommen neue hinzu.

Die bekannteste Ausnahme betrifft das Essen – siehe Kinourteil. Die Regel lautet: Essen »to go« wird nur mit sieben Prozent besteuert – also Fritten, Pizza-Service, Currywurst. Das kennen wir alle, darum werden wir bei McDonald's gefragt: »Zum hier Essen oder zum Mitnehmen?« Aber was ist, wenn eine Currywurstbude Tische aufstellt? Dann kommt schon mal der Finanzbeamte mit dem Zollstock und misst nach. Wehe, der Tisch ist zu breit und womöglich steht noch ein Klappstuhl dabei – diese Plastikmöbel könnten glatt ein »dienstleistungsbezogenes Element« sein. Vorsicht, 19 Prozent!

Was ist, wenn eine Elterninitiative ihren Kindern gesundes Essen in die Schule liefern lässt? Dann ist das »to go«, logisch, sieben Prozent. Liefert der Cateringservice aber auch noch Messer und Gabeln – dann sind 19 Prozent fällig. Dasselbe gilt für »Essen auf Rädern«. Richtiges Geschirr? Achtung, 19 Prozent. Weiße hässliche Plastikmenüschalen? Sieben Prozent.

Um die Spreu vom Weizen zu trennen, sind Heerscharen von Beamten beschäftigt. Das ganze Leben ist eine Abgrenzung, von der Wiege bis zur Bahre. Wobei die in der Wiege zwar laut schreien, aber offenbar nicht laut genug. Fast alles, was mit Babys zu tun hat, ist mit 19 Prozent besteuert: Windeln, Spielzeug, Kindermöbel. Tierfutter hingegen mit sieben Prozent. Die haben besonders laut geschrien, die Hersteller von Hundefutter und Katzenstreu.

Weiter geht es im Kindesalter: ein Malbuch? Ist mit sieben Prozent besteuert, weil Kulturgut. Ein Bastelbuch? 19 Prozent, weil schnödes Spielzeug.

Und die Absurditäten hören auch im Alter nicht auf. Ein Rollstuhl für Behinderte? Sieben Prozent. Ein Treppenlift? 19 Prozent. Selbst bei Schwerstkranken hat das Finanzamt ganz genau nachgehakt: Flüssig- und Sondennahrung, die zum Beispiel Komapatienten zu sich nehmen müssen, galten bis vor ein paar Jahren als Lebensmittelzubereitung und wurden nur mit sieben Prozent besteuert. Inzwischen findet der Fiskus, dies sei ein »Getränk« – obwohl der Kranke gar nicht trinken kann, darum hat er ja eine Sonde. Egal, Getränke spülen nun mal 19 Prozent in die Kassen des Finanzamtes.

Noch nicht mal bei der Bestattung hört der Irrsinn auf. Grabpflege schlägt mit 19 Prozent zu Buche, Kränze hingegen nur mit sieben Prozent. Was unter anderem daran liegt, dass die Floristeninnung besonders innige Lobbyarbeit in Berlin betreibt. Deshalb stehen Schnittblumen seit Jahren auf der Ausnahmeliste. Blumen sind eben etwas »für ganz besondere Menschen«, wie es in der Fleurop-Werbung heißt.

Ganz besondere Menschen sind neben den Floristen auch die Gastwirte und Hoteliers. Seit Jahren fordern sie, ebenfalls in den Genuss des ermäßigten Satzes zu kommen. Besonders die bayerischen Hotelbesitzer verweisen dabei gern auf die Konkurrenz jenseits der Grenze: In Österreich sind nur zehn Prozent Umsatzsteuer fällig, in der Schweiz gar 7,6 Prozent. Das stimmt zwar – aber hat es den deutschen Staat jemals interessiert, dass auch der Schweizer Steuerzahler nur die Hälfte bezahlt?

Peer Steinbrück, vier Jahre lang Finanzminister der SPD, hat die Hotelbesitzer stets abblitzen lassen. Dann übernahm die CDU das Finanzministerium, und die Hotelbesitzer hatten Grund zu jubeln. Seit 1. Januar 2010 gilt auch für sie der ermäßigte Mehrwertsteuersatz. Allerdings nur für die Übernachtung, nicht für Frühstück, Minibar und Pay-TV. Und, heißa, sie jubeln auch. Auf dem Tourismusgipfel im November 2009 gibt es, so weiß der ›Kölner Stadtanzeiger‹, extra Applaus: »Die massive Lobbyarbeit der Reiseindustrie trägt Früchte: Mit der Senkung des Mehrwertsteuersatzes macht die Bundesregierung der Branche ein Milliardengeschenk.« Das ist ja schön, so ein Geschenk vor Weihnachten. Bis zu vier Milliarden Euro Steuerausfälle kalkulieren die Länderfinanzminister, die stinksauer sind.

Stinksauer sind auch viele Geschäftsreisende: Bislang bekamen sie eine Rechnung mit einem Gesamtbetrag, und von dem wurden bei einer Dienstreise in Deutschland 4,80 Euro für das Frühstück herausgerechnet. Ab Januar 2010 herrschte bei den Betrieben totales Chaos, wenn sie Dienstreisen abrechnen wollten. Dann musste das Bundesfinanzministerium extra eine »Verwaltungsanweisung« erlassen. Bucht der Arbeitgeber die Übernachtung mit Frühstück als »Geschäftspaket«, so kann das Frühstück mit dem »pauschalen Sachbezugswert« angesetzt werden. Der Arbeitnehmer muss in diesem Jahr nur 1,57 Euro für das Frühstück versteuern. Hä? Ganz schön viel Aufwand für die Firmen und die Steuerzahler. Für 1,57 Euro! Aber Hauptsache, die Hoteliers haben ihr Geschenk bekommen.

Und irgendwie passt alles zusammen, denn es ist ja auch so: Ein Kindersitz fürs Fahrrad oder fürs Auto ist immer schon mit dem vollen Steuersatz belegt. Befindet sich der Sitz aber in einem Sessellift oder einer Bergbahn, sind nur sieben Prozent fällig. Für die Hoteliers und Bergbahnenbesitzer hat sich die Nähe zur Politik seit jeher ausbezahlt.

Oder, wie Heinz Strunk singen würde: »Danke für alle guten Freunde, danke, oh Herr, für jedermann.«

Ein gestörtes Verhältnis

Was passieren würde, wenn man den Steuerzahler
auf die Couch legte

Zugegeben, es fällt schwer. Aber stellen wir uns für einen Moment vor: der Staat und seine Bürger hätten eine Beziehung miteinander. Muss ja nicht gleich eine Ehe sein. Sagen wir eine Zweierbeziehung, die ein bisschen in die Jahre gekommen ist. Man hat viel zusammen erlebt. Der eine hat für den anderen gesorgt, der andere hat den einen ernährt.

Wie es genau passieren konnte, wissen sie nicht. Aber sie stellen eines Tages fest: Das Verhältnis ist zerrüttet. Vielleicht hat die Frau den Mann betrogen. Vielleicht hat der Mann die Frau verletzt. Jetzt wird nur noch aufgerechnet: Ich hab dich jahrelang ausgehalten, und was ist der Dank? Du hast viel zu viel Geld für deine Hobbys ausgegeben. Was haben wir jetzt davon? Es wird gerechtet und gerechnet, gezetert und getobt. Und man vergisst tatsächlich: Wir hatten doch mal ein gemeinsames Ziel.

Ja, ja, Vergleiche hinken. Aber es lohnt sich, einen Psychotherapeuten zu fragen, was da eigentlich schiefläuft im Verhältnis zwischen Steuerbürger und Staat. Denn eigentlich haben die beiden doch ein gemeinsames Interesse: Sie wollen, dass dieses Land funktioniert. Und dass die Kosten dafür gerecht verteilt werden. Warum nur ist den Bürgern im Lauf der Zeit das Vertrauen abhandengekommen, dass der Staat das schon richtig machen wird mit den Steuern? Und warum misstraut der Staat seinem Steuerzahler grundsätzlich? Unterstellt ihm bisweilen das Schlimmste, Betrug, Trickserei, Unterschlagung?

Eine Frage für einen Therapeuten.

Peter Groß ist Psychotherapeut und Wirtschaftspsychologe in Köln, er berät Paare genauso wie Wirtschaftsunternehmen. Wenn man ihn nach seiner Tätigkeit fragt, sagt er als Erstes: »Ich liebe meinen Beruf!« Eine gute Voraussetzung für unser Thema. Der ist nicht verbittert, der mag seine Klienten. Und eigentlich mag er auch den Staat, wenngleich er als Selbständiger weiß: »Steuern zahlen nervt. Steuererklärung auch.« Warum nur? Woher genau rührt dieses Unbehagen?

»Tief in uns drin steckt das Gefühl, wir werden dazu gezwungen, etwas wegzugeben, das wir doch selbst verdient haben«, vermutet Groß. Das machen wir zwar von morgens bis abends. Wir gehen ins Kino, ins Restaurant, bezahlen Beiträge im Fitnessstudio oder gar im Club Méditerranée. »Aber da sehe ich sofort, was ich dafür kriege: schöne Frauen und tolles Essen satt«, so Groß. Und was bekomme ich vom Staat? Kaputte Straßen und Schulden, die an meinen Kindern und Großenkeln hängenbleiben.

Dabei macht das System ja durchaus Sinn: Wir bezahlen unsere Steuern an einen Profi und der wirtschaftet damit. »Aber seit geraumer Zeit«, sagt der Psychologe, »haben die Bürger das Gefühl, der Staat haushaltet schlecht. Das Geld verschwindet aus meinem Geldbeutel und dann in einem schwarzen Loch.« Und sie denken: »Dieser Staat scheint ja unfassbar reich zu sein. So schnell, wie der die Milliarden aus dem Hut zaubert!«

Typische Reaktion: Wenn die so viel Geld haben – kommt es auf meine paar Euros nicht an. Warum also nicht ein bisschen schummeln. Zumal man als Staatsbürger ahnt: Ganz perfekt ist auch ein Gesetzgeber nicht. Warum soll ich es dann sein? Die Bereitschaft, bei der Steuer zu tricksen, ist wiederum dem Finanzamt bekannt und sorgt für entsprechende Skepsis. Warum soll der Finanzbeamte noch irgendwas glauben?

Hinzu kommt, so der Psychologe, eine selektive Wahrnehmung beim Finanzbeamten, vor allem beim Steuerprüfer. Denn bei Letzterem landen viele Trickser. So wie ein Arzt nur die Kranken sieht, sieht der Ermittler nur die Unehrlichen. Irgendwann wird er denken: »Ich werde hier von jedem belogen.« Man kennt das Phänomen von Polizisten: Wer einmal bei einer Hausdurchsuchung mit der Waffe bedroht wurde, wird nie wieder entspannt eine Tür öffnen.

Für Therapeuten gilt übrigens dasselbe: Hier landen nur die Menschen, die Probleme haben, das trübt auch bei den Profis manchmal den Blick. Deshalb gehen Therapeuten regelmäßig zur Supervision. Ob das helfen würde, die Steuerprüfer zur Supervision zu schicken? Ihnen klarzumachen: Hallo, es sind nicht alle Bürger so, wie du denkst. Manche wollen es durchaus richtig machen mit der Steuer. Ganz verkehrt ist die Idee nicht. Vielleicht würde es dem einen oder anderen Finanzbeamten helfen, seine Rolle zu überdenken. Wer bin ich eigentlich: Partner des Steuerzahlers, missgünstiger alter Ehemann? Bin ich strafender Vater, der das unartige Kind, den säumigen Steuerzahler, erziehen will? Oder moderner Dienstleister? Aber – im Ernst. Die ›Bild‹-Schlagzeile kann man sich ausmalen: »Finanzbeamte auf der Couch. Von unseren Steuergeldern!« Nein, in Therapie schicken kann man sie leider nicht.

Fest steht: Der Staat und seine Bürger befinden sich in einer Spirale des Misstrauens. Und hier hilft tatsächlich der Vergleich mit Paaren in der Krise. Wer vermutet, dass der andere fremdgeht, fühlt sich selbst zum Treuebruch legitimiert. Wer sicher ist, dass er in einer Beziehung zu kurz kommt, schlägt um sich.

Es gibt eine Grundregel in der Psychologie, sagt Peter Groß: »Vertrauen erzeugt Vertrauen, Misstrauen erzeugt Misstrauen.« Jahrelang haben sich Steuerzahler und Staat gegenseitig hochgerüstet: Der Staat will immer neue Steuern, auf Kaffee, auf Mineralöl, vielleicht bald auch wieder auf Vermögen. Der Steuerzahler findet immer neue Schlupflöcher, kauft dubiose Immobilien, Containerschiffe, macht gezielt Schulden. Beide fühlen sich in einer Situation der Notwehr.

Was tun? »Im zwischenmenschlichen Bereich hilft nur eines: unilaterale Abrüstung«, sagt der Therapeut, der aus der Paarberatung folgende Situation kennt: Eine Frau ist sich ziemlich sicher: Mein Mann betrügt mich. Aber sie verkneift sich zu sagen: »Ich weiß doch, dass du mich betrügst, du Schwein.« Sondern erklärt: »Ich vertraue dir, du wirst mich nicht so verletzen wollen.« Damit investiert sie Vertrauen. So wird es dem Mann tatsächlich immer schwerer fallen, sie zu betrügen und zu hintergehen.

Selbst in modernen Unternehmen setzt man auf »Vertrauenskultur«. Stechuhren wurden in vielen Betrieben abgeschafft, die Mitarbeiter sollen selbstverantwortlich über ihr Kommen und Gehen entscheiden. Bei den meisten Firmen stellt sich nach ein paar Jahren heraus: Mitarbeiter ohne Zeiterfassung arbeiten länger. Freiwillig.

Und wenn Angestellte klauen? In letzter Zeit gab es viele Beispiele für rigide Maßnahmen: Eine Altenpflegerin wurde entlassen, weil sie drei Maultaschen von einem Tablett genommen hatte. In Supermärkten werden intimste Details der Kassiererinnen kontrolliert – immer mit der Rechtfertigung: Wir müssen Diebstahl verhindern. Misstrauenskultur.

Auch das geht anders. Groß hat früher bei der Lufthansa in der Personalabteilung gearbeitet. Wie in allen Firmen wurde Schreibmaterial, weil es umständlich beantragt werden musste, in großen Mengen gebunkert, manchmal ließen Stewardessen auch ein Paket Bordverpflegung mitgehen, für private Partys. Streng verboten, klar, es gab sogar Entlassungen. Bis die Psychologen auf die Idee kamen: Gebt doch Bordverpflegung gegen eine geringe Gebühr ab und macht das Schreibmaterial frei verfügbar. Und siehe da: Die Diebstahlrate ging stark zurück.

Ob man diese Erkenntnisse auf den Staat übertragen kann? Bedingt. »In Betrieben versuchen die Coaches, den Mitarbeitern klarzumachen: Es geht nicht um die große anonyme Firma. Es geht um das menschliche Umfeld in einer Hierarchie. Vertraue ich meinem Chef, wird er auch mir vertrauen.« Aber die Finanzverwaltung, den Staat sehen wir tatsächlich als großes Monster. Wie sollen wir zu dem Vertrauen entwickeln? Und er zu uns? Und vor allem: Wer fängt an mit der Abrüstung?

An diesem Punkt ist der Therapeut selbst ratlos. Hätte er jetzt ein Paar vor sich sitzen, könnte er notfalls sagen: »Wenn das gar nichts mehr wird mit dem Vertrauen zwischen Ihnen beiden – dann trennen Sie sich besser.« Aber leider kann ich mich nicht scheiden lassen von meinem Finanzamt. Also, mal gucken, wie andere Paare das machen, das hilft ja auch manchmal.

»Vertrauen schafft Vertrauen« – siehe da, diese Überschrift steht tatsächlich über einem Aufsatz in einer Fachzeitschrift. Nicht für Paartherapie und Sexualmedizin. Nein, über einem Aufsatz in der renommierten Wirtschaftsfachzeitschrift ›Economics of Governance‹ aus dem Heidelberger Springer-Verlag, zu Deutsch etwa »Betriebs- und Volkswirtschaftslehre«. »Vertrauen schafft Vertrauen – Wie Steuerzahler behandelt werden.« Dabei stehen diejenigen Schweizer Kantone blendend da, die ihre Bürger über viele Themen abstimmen lassen. Dort, sagen die Forscher, gibt es drei vertrauensbildende Maßnahmen.

Erstens: Wenn in der Steuererklärung ein Fehler auftaucht, wird erst mal von einem Versehen ausgegangen, nicht von Absicht. Das hilft bekanntlich auch in Beziehungen: Wenn einer zu spät kommt, ist es hilfreich zu fragen: »War die Bahn zu spät?« Und ziemlich blöd zu sagen: »Das machst du nur, um mich zu ärgern.«

Zweitens sollen hierarchische Verhältnisse abgeschafft werden und die Ämter Bürger als gleichberechtigte Partner behandeln. Das könnten die Ökonomen glatt aus der Paarpsychologie abgeschrieben haben: Wenn beide Partner ungefähr gleich stark sind, müssen sie seltener heimlich das Handy des anderen kontrollieren. Ein Machtgefälle in Beziehungen führt oft zu Kontrollwahn. Auf Augenhöhe liebt es sich leichter. Auf Augenhöhe – diese abgedroschene Phrase heißt ja tatsächlich: Ich seh dir in die Augen, ich vertraue dir.

Am erstaunlichsten aber ist die dritte Regel, die die Ökonomen für vertrauensvolle Beziehungen ausgemacht haben: Kleine Fehler werden großzügig verziehen. In den Schweizer Kantonen, in denen kleinere Vergehen von Steuerzahlern nur mit sehr geringen Strafen belegt werden, wird auch weniger Steuer hinterzogen. Nach dem Motto »Nobody is perfect«. Das steht da wörtlich bei den Ökono men, und das ist schon sehr menschlich formuliert. Denn auch das ist eine Grundregel glücklicher Ehen: auf einem Fehler des anderen nicht ewig herumzureiten, nicht nachtragend zu sein, sondern großzügig.

Na also, geht doch. Warum nicht bei uns? Eines muss man zugeben: All das funktioniert in der Schweiz auch deshalb so gut, weil es ein kleines Land ist. Je größer ein Apparat, desto schwieriger wird es mit dem Vertrauen. Meiner kleinen Sparkasse vertraue ich mehr als der Deutschen Bank, meinem Gemeinderat mehr als dem Bundestag. Aber lernen könnten die Deutschen dennoch von der Forschung.

Zum Beispiel, indem sie ganz simple Grundregeln der Psychologie anwenden. Seit den 40er-Jahren weiß man, dass Belohnung besser wirkt als Bestrafung. Der US-Psychologe Burrhus Frederic Skinner wies nach, dass man mit positiver Verstärkung mehr bewirkt als mit rigiden Maßnahmen – was heute jeder angehende Lehrer und jede Erzieherin im ersten Semester lernt. Warum eigentlich nicht jeder Finanzbeamte? Denn auch dafür gibt es Beweise: Bestrafung von Steuerbetrügern ist gut. Noch besser wäre die Belohnung von »guten Steuerzahlern«, sagen die Finanzwissenschaftler Bruno Frey und Lars Feld. Warum nicht Anreize schaffen für brave Bürger? Freier Eintritt ins Museum, Billigfahrscheine für die U-Bahn, Theaterabos gratis für Bürger, die pünktlich und korrekt ihre Steuern zahlen. Eine Art Bonusheft wie beim Zahnarzt? Man müsste es ausprobieren.

Leider ist dieser Staat nicht wirklich für seine innovativen Maßnahmen bekannt. Darum am Schluss doch noch mal die Frage an den Therapeuten: Wenn das Gegenüber, der Staat, sich nun gar nicht bewegt – was kann ich für mich tun, um beim Steuerzahlen nicht unglücklich zu werden? Peter Groß rät: ehrlich sein, auch wenn es von der anderen

Seite nicht belohnt wird. Wer permanent das Finanzamt betrügt oder wer jeden Tag schwarzfährt, ist dabei selten entspannt. Der Buddhist würde sagen: karmische Auswirkung. Der Arzt würde sagen: schlecht für den Blutdruck. Der Psychologe sagt: Wer sich aus innerer Überzeugung konsequent altruistisch verhält – also mehr ans Gemeinwohl denkt als an seinen eigenen Vorteil –, bekommt auf lange Sicht, sozusagen als freiwillige Gegenleistung, das, was er will.

Und auf kurze Sicht? Was tun, wenn einen die Beschäftigung mit dem Thema Steuern zu viel Zeit und Lebensfreude kostet? Auch da gilt, sagt Groß, was immer im Leben gilt: Was ich nicht ändern kann, muss ich akzeptieren. Nicht lang vor sich herschieben, just do it. Steuern müssen nun mal sein, sie sind so lästig wie drei Tage Dauerregen. »Sie können auch drei Tage immer wieder jammern, dass die Sonne nicht scheint, aber damit verursachen Sie nur Ihr eigenes Leiden, ohne am Regen etwas zu ändern. Das ist schlichtweg unintelligent.«

Helfen könne auch, den Blick zu ändern: die Segnungen des Staates wertzuschätzen, die ja durchaus von diesen Steuern bezahlt werden. Wohlstandsbewusstsein pflegen, nennt das der Therapeut – und das gelingt besonders gut, wenn man aus einem maroden Urlaubsland zurückkommt, in dem man die Zähne nicht mit Leitungswasser putzen kann und der Bus einfach nie pünktlich ist. Ja, doch, es stimmt schon, ein paar Sachen kriegen sie auch hin, die Haushälter unseres Geldes. Glücklich wird man nicht beim Thema Steuern. Aber gelassen, das wär schon was.

Steuerzahler, kommst du nach Köln, dann bist du schön blöd

Warum der Föderalismus den Steuerzahler nervt

Es gibt viele Gründe, sich für einen Wohnsitz zu entscheiden. Der Mann deines Lebens wohnt dort und du willst mit ihm alt werden. Deine alte Mutter wird immer gebrechlicher und du willst da sein, wenn sie dich braucht. Deine Kinder gehen auf eine gute Schule und wollen da auch ihr Abitur machen. Du hast den Traumjob gefunden und denkst gar nicht daran, ihn wieder aufzugeben. Die Zahl der Sonnenstunden ist hoch, der Fluss oder die Berge sind nah, ach, und du liebst einfach diese Stadt. Hier willst du leben.

Klingt alles sehr sympathisch. Aber rein fiskalisch – total unvernünftig. Man mag es kaum glauben, aber in Deutschland hängt es auch von der Postleitzahl ab, wie sehr das Finanzamt einen quält. Kann nicht sein? Stimmt, im Grundgesetz steht das Zauberwort »gleichmäßige Besteuerung«. Aber darüber können Steuerberater nur lachen. Sie wissen: Es gibt – steuerlich gesehen – gute Standorte und weniger gute. Es gibt Finanzämter, die nehmen es ganz genau. Und es gibt welche, die drücken beide Augen zu. Solche Städte haben natürlich ihre Vorzüge. Für Steuerbetrüger? Nein, so würden die das nie sagen. Aber wer sich mit einem Großunternehmen heute für einen Standort entscheidet, achtet natürlich darauf, wo er mehr Ärger mit dem Fiskus haben wird und wo weniger.

Blöd ist nur: Das gilt nicht nur für Großunternehmer, das trifft auch ganz normale Steuerzahler. Wer – siehe oben – doof genug ist, sein Leben nach anderen Dingen auszurichten als nach Standortfaktoren, wer so altmodische Dinge wie Liebe, Familie und Glück wichtig findet und leider keine Steueranwälte zu seinem Freundeskreis zählt, der wundert sich erst. Und ärgert sich dann.

Am meisten Grund zum Ärgern hat, wer sich aus Versehen in Nordrhein-Westfalen angesiedelt hat. »Volksrepublik Nordrhein-Westfalen«, spottet Hans Leyendecker, Leitender Redakteur der ›Süddeutschen Zeitung‹. Will heißen: In NRW herrscht zwar nicht direkt Sozialismus, aber der Staat nimmt seine Aufgabe sehr ernst. Was ja im Grundsatz zu begrüßen ist. In NRW gibt es zum Beispiel die höchste Dichte an Steuerfahndern. Es ist kein Zufall, dass Klaus Zumwinkel in Köln verhaftet wurde, von einer Bochumer Staatsanwältin. Es ist kein Zufall, dass die CD mit den Schweizer Steuersünderdaten von der Staatsanwaltschaft Wuppertal angekauft wurde.

Ganz anders in Baden-Württemberg und in Hessen, da ist man »geschmeidiger«, wie Leyendecker schreibt. So polterte der baden-württembergische FDP-Justizminister Ulrich Goll sofort los, er werde doch keinen »Deal mit Ganoven« machen. Es gibt insgesamt weniger Steuerfahnder. Und die kommen auch nicht ganz so oft vorbei beim gemeinen Steuerpflichtigen. In Zahlen: Im Bundesdurchschnitt muss zum Beispiel ein Unternehmer alle 50 Jahre damit rechnen, dass seine Umsatzsteuer nachgeprüft wird.

Die Umsatzsteuer gilt als besonders mauschelanfällig, kein Wunder bei dem Chaos, das der Gesetzgeber angerichtet hat (siehe Kapitel »Das ist jetzt aber Kabarett. Oder?«). Alle 50 Jahre, das entspricht einer »Prüfquote« von zwei Prozent. In Bayern liegt sie bei 1,3 Prozent, in Hessen bei 1,35 Prozent. Das geht aus einem Bericht des Bundesrechnungshofes von 2007 hervor.

Der mault seit Jahren: Die Länder hätten offenbar sehr »unterschiedliche Interessenlagen«. Denn der Zahl 1,3 in Bayern steht die Zahl 3,5 in Sachsen-Anhalt gegenüber. Im Klartext: Die Chance, Besuch vom Finanzamt zu bekommen, ist in Sachsen-Anhalt fast drei Mal so hoch wie in Bayern.

Natürlich ist das ungerecht. Aber alle Versuche, die Finanzverwaltungen der 16 Länder auf einen Standard zu heben, sind bislang kläglich gescheitert. 13 Jahre lang wurde daran gebastelt, wenigstens ein Computersystem zu installieren, das überall gleich funktioniert. Es sollte den schönen Namen »Fiscus« tragen. Es hat 400 Millionen Euro verschlungen – Steuergelder, logo. 2005 wurde das Vorhaben für gescheitert erklärt. Auch das Nachfolgeprojekt droht im Streit mit den 16 verschiedenen Verwaltungen zu scheitern, berichtet der ›Spiegel‹. Wie das neue System heißen sollte? »Konsens«. Aber schon die Idee ist offenbar – Nonsens.

Denn in Wahrheit will gar keiner, dass es bundesweit gerecht zugeht. Der Bundesfinanzminister kann – wenn es Ärger mit den Steuern gibt – immer die Verantwortung auf die Länder abschieben: Die machen nix! Die sind zu lasch!

Und die Länder? Haben erstens keine Lust, sich teure und gut ausgestattete Finanzämter zu leisten, nur um einen Großteil der eingenommenen Steuern gleich wieder an den Bund und an die ärmeren Länder abzutreten. Haben zweitens keine Lust, sich allzu viel Ärger mit Bürgern und Firmen einzuhandeln. Und zeigen drittens prinzipiell mit dem Finger aufs Nachbarland.

Und das gilt eben besonders für die »reichen« Länder Bayern, Baden-Württemberg und Hessen. Erstens sind sie unter anderem deshalb so reich, weil die Firmen dort gerne siedeln – siehe oben. Und zweitens müssten sie, wenn sie mehr Steuern eintreiben würden, einen großen Teil davon an die »ärmeren« abtreten. Warum also den dreckigen Job überhaupt erst machen?

Schuld sind also »strukturelle Probleme der Steuerverwaltung«, wie es der Bundesrechnungshof vornehm ausdrückt. Schuld ist letzten Endes der Föderalismus. Er ist historisch gewachsen und er mag Vorteile haben – in Sachen Steuern ist er grob ungerecht.

Drum überlegt, Bürgerinnen und Bürger, ob das echt so wichtig ist mit dem Rhein, der Liebe und der alten Mutter. In Stuttgart lässt es sich auch ganz gut leben. Und mit der gesparten Steuer kann man dann an Karneval fünf Tage nach Köln fahren, wo der Rhein ist und die Liebe. Im Karneval macht sich der Kölner übrigens gern lustig über die Obrigkeit in seiner »Volksrepublik NRW«. Der Mottowagen zum Thema Steuern hieß 2010 »Jeck, we can«. Na denn.

Beruf: Finanzbeamter

*Warum dieser Job echt nicht
gut ankommt bei einer Party*

Im preisgekrönten Kinofilm ›Soul Kitchen‹ von Fatih
Akin gerät die strenge, unerbittliche Betriebsprüferin des
Finanzamtes auf eine rauschende Party. Sie ist, das weiß
der Kneipier aus leidvoller Erfahrung, kein Gewinn für die
Stimmung des Partyvolks. Schließlich hat sie beim letzten
Besuch angedroht, den Laden dichtzumachen. Also, was
lässt sich der Gastgeber einfallen? Serviert ihr ein Dessert,
in das der Koch zu viel aphrodisierende Gewürze gemixt
hat. Und schon wird aus der spröden Zahlenhuberin eine
wilde Partymaus. Die sogar Sex mit einem Partygast hat.
Der jubelt: »Ich hab das Finanzamt gefickt!«

Nein, sie haben echt kein gutes Image, die Finanzbeamten, und das war schon immer so.

Einer der ältesten Steuereintreiber, den wir kennen, war
der Apostel Matthäus, der in der antiken Hafenstadt Ka-
pernaum als Zöllner arbeitete – so heißt der Beruf in der
Bibel. Weil Matthäus der römischen Staatsmacht diente,
wurde er von den Juden verachtet. »Jetzt ist aber Matthäi
am Letzten!« – sagt man auch heute von Leuten, die finan-

ziell am Ende sind. Und dann kommt der Steuereintreiber, Matthäus, und nimmt einem das letzte Hemd ab.

Oder um es in der Sprache der ›Volxbibel‹ zu sagen: »Matthäus war von Beruf so einer, der für die Besatzungsmacht die Steuern und Zollgebühren eintrieb. Das wurde damals durch ›freie Unternehmer‹ getan, die feste Beträge abliefern mussten und davon lebten, mehr Kohle einzutreiben, als sie ablieferten. Solche Menschen waren damals bei der Bevölkerung natürlich extrem unbeliebt.«

Die ›Volxbibel‹ ist der Versuch, die Bibel in Umgangssprache zu übersetzen, für Menschen, die eher Comics lesen als das Evangelium. Aber auch Comicleser wissen längst: Finanzbeamte sind keine Sympathlinge. In ›Hägar der Schreckliche‹ sind die königlichen Steuereintreiber finstere Gesellen mit dunklen Mänteln. In der »Legende von Donald Hood« im ›Lustigen Taschenbuch Nr. 74‹ treten ausgerechnet die dummen Panzerknacker als Steuerpolizisten auf. Und in einem Donald-Duck-Heft von 2009 kommt »Gestatten: Geier, Oberfinanzinspektor« und macht den armen Donald fertig wegen »10 Taler nicht gemeldetes Einkommen«.

So sind sie, die Finanzbeamten. Oder? Wenn man einen Steuerberater fragt, wird er sagen: Es gibt halt solche und solche. Es gibt Finanzbeamte wie Tina Feser (siehe Seite 37), die aus der tiefen Überzeugung heraus, Gerechtigkeit herstellen zu wollen, diesen Beruf ergriffen haben und von Grund auf erschüttert sind, wenn ihnen Steine in den Weg gelegt werden. Immer wieder hat es in der Geschichte der Bundesrepublik Finanzbeamte gegeben, die echte Helden waren, die politische Skandale enthüllt und dafür ihre Laufbahn aufs Spiel gesetzt haben.

Der bekannteste ist der bayerische Finanzbeamte Wilhelm Schlötterer, der half, die »Amigo-Affäre« um Franz

Josef Strauß aufzudecken. Er hat 2009, im Alter von 70, auf 412 Seiten seine Erlebnisse in 30 Jahren Finanzbürokratie aufgeschrieben: ›Macht und Missbrauch‹. Und aus jeder Zeile spricht dieses Berufsethos: »Man hat doch die Pflicht, üblen Machenschaften entgegenzutreten.« Oder: »Es konnte doch so nicht weitergehen.« Ein Kämpfer, der es bis heute nicht fassen kann, wie Politik und Wirtschaft so verfilzt sein können, dass von Steuergerechtigkeit keine Rede sein kann.

Dann gibt es ein Heer von Finanzbeamten, die unauffällig ihren Job machen, der immer schwieriger wird. Denn je mehr Neuerungen es gibt, desto mehr Zeit bräuchten die Beamten eigentlich, um die Gesetzestexte und Urteile zu lesen. Allein in der letzten Legislaturperiode mussten sie 42 Änderungsgesetze anwenden. Doch um sie zu lesen und zu verstehen, haben sie zu wenig Zeit und zu wenig Personal. Zumindest eines kann man sagen: Das Klischee vom faulen Finanzbeamten entspricht nicht der Realität.

Treffen sich zwei Beamte auf dem Flur, sagt der eine zum anderen: »Na, kannst du auch nicht schlafen?« Über solche Witze kann Dieter Ondracek nicht lachen. Er ist Chef der Deutschen Steuergewerkschaft, dem Berufsverband der Finanzbeamten, und er sagt: »Wir haben viel zu wenig Leute im Einsatz.« Nun ja, das sagen Gewerkschaftsbosse immer, egal ob sie Metallarbeiter oder Finanzbeamte vertreten. 15 000 Leute fehlen auf den Finanzämtern, sagt Ondracek.

Er hat allerdings Argumente, die auch dem gemeinen Steuerzahler einleuchten: Weil die Finanzämter so krass unterbesetzt sind, winken sie viele Steuererklärungen durch. »Da werden haufenweise Fehler aus den Erklärungen einfach übernommen.« Dann hagelt es Einsprüche, Klagen, später Prüfungen – ein Teufelskreis. »Hätten wir mehr Leute im Einsatz, würden die Finanzbeamten ihre

Klienten noch kennen und zeitnah Fehler klären«, sagt Ondracek. Und dann käme es viel seltener zu so absurden Prüfungen, bei denen man jahrelang rückwirkend Belege vorzeigen muss.

Momentan ist das aber das täglich Brot des gemeinen Finanzbeamten: mehr recht als schlecht die Steuererklärungen bearbeiten, oft genug mit geschlossenen Augen durchwinken – und erst wenn der Ernstfall eintritt, die Prüfung, jeden Beleg auseinanderfieseln. Kein böser Wille des Beamten, sagt Ondracek, logo, die Beamten machen ihren Job. Der Fehler liege im System.

Und doch gibt es auch – System hin oder her – Finanzbeamte, die das Klischee von »Gestatten: Geier, Oberfinanzinspektor« ganz gut erfüllen. Erbsenzähler. Die – siehe Seite 67 – einen Existenzgründer in Ostdeutschland an den Rand des Ruins treiben. Die in ihrem kärglich ausgestatteten Raum im Finanzamt sitzen und von Sozialneid zerfressen sind, wenn sie die Nebenkostenabrechnung einer schicken Eigentumswohnung checken sollen. »Schön für Sie, dass Sie eine so luxuriöse Wohnung haben«, sagen solche Beamte dann, »ich wohne zur Miete.«

Eigentlich, sagt der Gewerkschafter Ondracek, dürfte so was gar nicht mehr sein. Viel Geld sei in den letzten Jahren in die Ausstattung der Finanzämter investiert worden – »immer da, wo der Kunde hinkommt, sind jetzt auch Grünbänke.« Dafür sieht es in den anderen Büros, wo selten Parteiverkehr ist, ziemlich jämmerlich aus: ein Tisch, ein Stuhl und eine vertrocknete Kaktee. Man muss es nicht gutheißen, aber man kann verstehen, wenn eine Finanzbeamtin zum Steuerzahler sagt: »Ich hätte auch gern so ein schönes Büro wie Sie.«

Solche Finanzbeamte lassen dann bei Abschlussbesprechungen Bemerkungen fallen wie: »Keiner mag uns Finanzbeamte.« Tja, und dann weiß man auch, warum sich auf Partys keiner neben sie setzen will.

Ob man jetzt an einen Finanzbeamten der ersten, der zweiten oder der dritten Kategorie gerät, das ist Zufall. Und hängt von der Postleitzahl ab. Oder vom Karma. Oder davon, ob der Nachname mit den Buchstaben A bis K oder L bis Z anfängt. Aber so ist es vielleicht immer im Leben.

Liebes Finanzamt!

Was ich dir immer schon mal sagen wollte

Liebes Finanzamt,

vielleicht werden wir zwei ja doch noch mal Freunde. Also, ich glaube, Liebe wird es nicht mehr in diesem Leben, doch ich will dich ja auch nicht heiraten. Aber dass wir Freunde werden, das wäre vernünftig, wirklich.

Erstens hast du – obwohl dich keiner eingeladen hat – jetzt ein Jahr lang unsichtbar mit an unserem Tisch gesessen. Du hast dich mit einer »Betriebsprüfung« so brachial in mein Leben reingesemmelt, wie es noch nicht mal die nervigste meiner Freundinnen geschafft hätte. Ein Jahr lang habe ich bei jedem Supermarkteinkauf den Kindern gesagt: »Nix Mövenpick, nehmt das Rewe-Eis, wer weiß, wie viel Geld das Finanzamt noch von uns will.« Ein Jahr lang hast du, Finanzamt, fast wöchentlich hässliche graue Briefe in sehr kleiner Schrift geschickt, wolltest wissen, wo ich am 27. Februar 1997 war und warum auf meinen Überweisungen manchmal »Shoppen und ficken« steht oder »Weinundliebe«. Geduldig habe ich dir erzählt, dass es sich dabei einerseits um den Titel eines Theaterstücks handelt, andererseits um die Umschreibung eines gemeinsamen Wochenendes, für das ich meinem Freund noch Geld überweisen wollte. Ganz schön rot bin ich geworden, als ich dir das alles erklären musste, liebes Finanzamt. Du weißt jetzt mehr über mich als mein Frauenarzt und mein Pastor.

Zweitens habe auch ich dich genauer kennengelernt als viele meiner Freunde, die in meiner Handyliste stehen. Ich habe mich ein Jahr lang mit deinen Stärken und Schwächen befasst, ja, ich kenne jetzt auch deine ganz dunklen Seiten. Kurzum: Wir beide haben schon so viel Zeit miteinander verbracht und intime Daten ausgetauscht – wollen wir vielleicht doch noch Freunde werden?

Denn eigentlich wollen wir ja dasselbe: Wir wollen, dass der Laden läuft. Wir wollen, dass man in Deutschland auch nach einem harten Winter noch ohne bleibende Schäden am Auto über deutsche Straßen fahren kann. Wir wollen, dass unsere Kinder in beheizten Klassenzimmern auf nette, ausgeruhte Lehrer treffen. Wir wollen, dass es Schwimmbäder und Stadtbüchereien und Theater gibt, und zwar für alle und bezahlbar. Hallo, der Spaß kostet Geld, und wer mehr Geld hat, soll mehr zahlen. Da sind wir uns doch einig.

Aber ein paar Wünsche hätte ich, mit Freunden soll man ja ganz offen reden. Erstens, das musst du verstehen, bist du nicht meine einzige Freundin. Ich kann nicht so viel Zeit mit dir verbringen wie bisher. Dass du meine Wochenenden und Weihnachtsferien mit Beschlag belegst – geht gar nicht. Ich habe nämlich noch einen Mann, zwei Kinder, eine Mutter, eine Schwester, einen Schwager, nette Kolleginnen und Kollegen. Für die will ich auch noch Zeit haben. Liebes Finanzamt: Ein Tag im Jahr, das wäre okay. Und ein einziges Formular sollst du mir schicken, von mir aus auch, wie in Schweden, einen Brief, in dem meine Steuerlast schon ausgerechnet ist. Das wäre okay.

Und dann, liebes Finanzamt, schreib mir so, dass ich es verstehe. Klares, schnörkelloses Deutsch, gern auch in etwas größerer Schrift, wir werden alle älter. Recyclingpapier ist prima, gibt's aber auch in weiß. Und man kann Briefe so abfassen, dass ich verstehe, bis zu welcher Zeile du mir von Gesetzen und Urteilen erzählst. Und ab wann du mich ganz persönlich meinst. Nimm also bitte eine gut lesbare Schrifttype, mach ab und zu einen Absatz, das ist gar nicht so schwer.

Und, unter uns Freundinnen, liebe Behörde, ein offenes Wort: Wie du schon aussiehst! Im Zuge meiner Betriebsprüfung durfte ich ja mal bei dir vorbeischauen, all die Jahre hatte ich deine Adresse nur auf Din-A-4-Umschläge geschrieben. Und ich war schon ein bisschen entsetzt: Es sieht aus, als hätte ein ganz junger wilder Theaterregisseur Franz Kafkas ›Der Prozess‹ inszeniert. Dunkle Flure, Möbel aus den frühen 50ern, und an dem Tag, als ich da war, ließ sich die Heizung nicht abstellen. Deshalb saßen wir bei offenem Fenster an einem Resopaltisch, der bestimmt prima in das Besucherzimmer einer Justizvollzugsanstalt passen würde. Obwohl – da war ich neulich auf Recherche: Selbst im Knast haben sie inzwischen die Wände grün angestrichen. Aber bei dir, liebes Finanzamt, ist es wirklich nicht schön. Guck dir mal deine Schwestern in der Schweiz an. Oder ein modernes Einwohnermeldeamt. Überall sieht es besser aus als bei dir, ist es heller und freundlicher. Und wir zwei, wir wollen uns doch ein bisschen wohlfühlen, wenn wir Zeit miteinander verbringen.

Im Gegenzug würde ich dich auch gern mal zu mir nach Hause einladen, damit du siehst, wie das Leben einer Berufstätigen heute so aussieht. Dass man manchmal zu Hause arbeitet, manchmal am Sonntag und manchmal sogar, wenn das nervige hustende Kind dabei ist. Dass ich mir wirklich alle zwei Jahre einen neuen Computer kaufen muss, weil die alte Kiste die neue InDesign-Software nicht verkraftet. Dass meine Berufswelt anders ist, als du das vielleicht aus den Urteilen des Bundesfinanzhofes gelernt hast.

Aber zu Freundschaften, sagst du jetzt vielleicht, gehören immer zwei. Stimmt. Also, ich würde mich auch anstrengen, dir eine bessere Freundin zu sein als bisher. Nachdem wir zwei jetzt monatelang meine Benzinquittungen diskutiert haben, verspreche ich: nie wieder private Kaugummikäufe auf der dienstlichen Dieselquittung! Nie wieder verschlampte Telekom-Quittungen – dabei muss ich dir gestehen: Ich hab sie gar nicht verschlampt, ich bin nur zu doof, sie aus dem Internet runterzuladen. Aber ich glaube ja: Du verbringst auch zu viel Zeit mit diesem Kleinkram. Drum hoffe ich, dass unsere Politiker endlich mal Ernst machen mit ihrem Versprechen: Das Steuersystem muss viel, viel einfacher werden. Für mich! Und für dich! Dann hast du auch wieder mehr Zeit, die fetten Fische zu jagen, die ihre Millionen in Liechtenstein und auf den Cayman-Inseln deponieren. Das macht doch bestimmt mehr Spaß, als in meinen vergilbten Dieselquittungen rumzusuchen. Oder?

Und dann verspreche ich noch was: Wenn ich erst mal das Gefühl habe, dass ich verstehe, was du von mir willst, dass das System übersichtlich ist und es gerecht zugeht – dann will ich auch großzügig sein. Keine Korinthenkacker-Briefe schreiben, dass du mir die Pendlerpauschale rückwirkend für 2,5 Kilometer Fahrradstrecke anrechnen sollst. Nein, ich verspreche: Ich lass dann auch fünf gerade sein. Was soll der Quatsch, dann zahl ich halt ein paar Euro mehr, als ich müsste. Kleine Geschenke erhalten die Freundschaft.

Und dann, ja dann – wäre ich gerne eine stolze Steuerzahlerin. Das ist mein Traum: dass du mir ein Mal im Jahr diesen Steuerbescheid schickst und ich nicht gleich Herzrasen bekomme, wenn ich den Umschlag aus dem Briefkasten nehme. Sondern dass ich mich freue, wenn du schreibst. Dass ich drei Zentimeter größer werde vor Stolz auf die Summe, die da steht. Wow, mit diesem fetten Betrag halte auch ich diesen Staat am Laufen. Ich bin Deutschland!

Dann muss das Geld nur noch für die richtigen Sachen ausgegeben werden, aber da kannst du ja nichts dran drehen. Den Brief muss ich meinem Abgeordneten und meiner Kanzlerin schreiben. Also, liebes Finanzamt, komm in die Puschen und mach was aus dir. »Gute Freunde stehn zusammen«, singen sie in Köln im Karneval. An mir soll's nicht scheitern!